Léxico fundamental del español

JESÚS SÁNCHEZ LOBATO
BLANCA AGUIRRE

Léxico fundamental del español

(SITUACIONES, TEMAS Y NOCIONES)

GLOSARIO MULTILINGÜE

Amplia tipología de ejercicios orientados a la práctica de las cuatro destrezas fundamentales en el aprendizaje de la lengua española

SOCIEDAD GENERAL ESPAÑOLA DE LIBRERÍA, S. A.

Primera edición, 1992

Produce: SGEL-Educación
Marqués de Valdeiglesias, 5, 1.° - 28004 MADRID

Maqueta: SGEL-Educación

I.S.B.N.: 84-7143-464-4
Depósito Legal: M. 6.244-1992
Printed in Spain - Impreso en España

Compone e imprime:
NUEVA IMPRENTA, S. A.
Andrés Obispo, 37 - 28043 Madrid

Encuaderna:
F. MÉNDEZ

SUMARIO

PRESENTACIÓN

El Léxico fundamental del español *aúna y describe las situaciones, los temas y las nociones lingüísticas que al estudiante de lengua extranjera se le presentan en el aprendizaje del español.*

Sustantivos, adjetivos, verbos y expresiones coloquiales aparecen claramente diferenciados en las distintas unidades de este volumen. Los sustantivos van precedidos del artículo como indicador de género; cuando el sustantivo puede responder a los dos géneros es presentado por el/la, *y si varía la forma del género en el sustantivo por la aparición de* o/a. *Los nombres que impliquen cambio de forma aparecerán en las dos: hombre/mujer; los que indiquen empleos o profesiones, en las usuales: profesor/a; los acabados en* -a *aparecerán precedidos de* el/la: *telefonista. Los adjetivos aparecen —si presentan dos formas, por ejemplo,* o/a*— en la terminación* -o, *los acabados en* -e, *sin variación.*

Las expresiones más coloquiales del español acompañan en cada unidad a las situaciones, los temas y las nociones.

El glosario final recoge, por orden alfabético, la opción u opciones en que puede aparecer una misma palabra.

El Léxico fundamental del español *es un banco de recursos para profesores y alumnos dedicados a la enseñanza/aprendizaje del español. El léxico aparece contextualizado con el fin de cubrir las necesidades comunicativas esenciales y avanzadas de la lengua española.*

Una muy amplia gama de ejercicios complementa el Léxico fundamental del español *con la finalidad de profundizar en las destrezas básicas de la lengua. Para ello, además de ejercicios de revisión y consolidación de las estructuras fundamentales, se presentan actividades expresamente dirigidas a la adquisición de la lengua, como son las técnicas de memorización, asociación y relación; sugerencias a los autodidactas para practicar el léxico en contextos determinados, técnicas de uso del diccionario y explotación de documentos auténticos.*

LOS AUTORES

I

SITUACIONES, TEMAS Y NOCIONES

1 Identificaciones personales

1.1. El nombre

el nombre
el nombre propio
el apellido
el seudónimo
el mote
el apodo
las iniciales
las siglas
el anónimo
el señor
la señora
la señorita

Verbos
llamarse
personarse
nacer
vivir
crecer
envejecer
morir

1.2. La persona y la edad

la persona
el hombre
la mujer
la filiación
el individuo
el personaje
la niñez
la juventud
la madurez
la vejez
el/la niño/a
la niñera
el bebé
la criatura
el/la nene/a
el/la chico/a

Adjetivos
femenino
masculino
infantil
pueril
aniñado
juvenil
mayor
anciano

el/la chiquillo/a
la adolescencia
una persona joven
una persona adulta
una persona mayor

1.2.1. *Expresiones*

poner nombre
tener renombre
tener personalidad
carecer de personalidad
ser persona de fiar
ser un personaje
ser hombre de palabra
sentirse joven
ser buen mozo
tener quince primaveras

la edad del pavo
la niña de los ojos
entrado en años
la flor de la edad

1.3. Estado civil

el/la soltero/a
el/la solterón/a
el/la casado/a
el/la viudo/a
el/la separado/a
el/la divorciado/a
el/la novio/a
el/la amigo/a
el/la compañero/a
el marido

Verbos
emparentar
descender
casarse
enviudar
divorciarse
separarse

la mujer
el/la esposo/a

1.4. La familia

la familia
el padre
la madre
el/la hijo/a
el/la hermano/a
el/la abuelo/a
el/la nieto/a
el/la tío/a
el/la sobrino/a
el yerno
la nuera
el/la suegro/a
el pariente

Adjetivos
familiar
paterno
materno
filial
fraternal

el primogénito
el/la primo/a
los primos hermanos
el/la cuñado/a
el/la concuñado/a

1.4.1. *Expresiones*

consagrar la vida a
darse buena vida
ganarse la vida
jugarse la vida
tener la vida pendiente de un hilo
vender cara la vida
escapar con vida
vida privada
vida pública
la vida padre
la vida perra

1.5. Actividades intelectuales

la inteligencia
la razón
la imaginación
el sentido
el pensamiento
la idea

	Verbos	***Adjetivos***
la opinión	leer	*intelectual*
el juicio	aprender	*juicioso*
la certeza	estudiar	*razonable*
la hipótesis	pensar	*discreto*
la afirmación	discurrir	*sabio*
la sospecha	comprender	*sensato*
el talento	entender	*agudo*
la capacidad	creer	*inteligente*
	suponer	*lúcido*
	saber	

1.6. Los sentimientos

	Verbos	***Adjetivos***
el sentimiento	amar	*cordial*
la sensación	querer	*sensible*
la emoción	emocionar	*tierno*
el humor	alegrar	*sentimental*
el amor	encantar	*íntimo*
la simpatía	odiar	*emocionado*
el afecto	gustar	*feliz*
la ternura	acariciar	*ilusionado*
el cariño	besar	*alegre*
la amistad	asombrar	*confiado*
la alegría	asustar	*triste*
la seriedad	lamentar	*odioso*
la gracia	sentir	*miedoso*
la ilusión	llorar	*preocupado*
la felicidad	abrazar	*melancólico*
la enemistad	reír	*doloroso*
el dolor	consolar	*infeliz*
la pena	temer	*desgraciado*
el sufrimiento	angustiar	*desolado*
la tristeza		*simpático*
el llanto		*serio*
la desgracia		
el disgusto		
el temor		
el miedo		
el odio		
la desesperación		
la angustia		

Circunstancias personales: lugar de residencia

2.1. La residencia

el país
la ciudad
el pueblo
la aldea
la provincia
la capital
la calle
el paseo
la plaza
la avenida
el número
el portal
el piso
la planta
la puerta
derecha
izquierda
centro

2.2 La casa. Vivienda

la casa
el apartamento
el piso
el chalé
el edificio
la fachada
el tejado
la azotea
el balcón
el ventanal
la entrada
la salida

2.3. Instalaciones

la portería
la escalera
el ascensor
el vestíbulo
la habitación
el cuarto de baño
el aseo
la cocina
el dormitorio
el salón
el entresuelo
el ático
el suelo
la terraza
el balcón
la pared
el muro
la puerta
la cerradura
la llave
el salón comedor
el pasillo
el jardín
el patio
la sala
el timbre
el telefonillo
el techo
la ventana
la persiana

2.4. Muebles y enseres

la mesa
la mesilla
el mantel
el armario
la silla
el sillón
la mecedora
el colchón
la manta
la vajilla
el vaso
la copa
la botella
el botellero
la bandeja
el sofá
la cama
la colcha
la sábana
la almohada
la almohadilla

el cojín
la servilleta
la cuchara
el tenedor
el cuchillo
los cubiertos
la alfombra
la moqueta
el cuadro
la cortina
los visillos
el televisor
la radio

2.5. Servicios

el gas
la electricidad
el enchufe
el teléfono
la luz
la bombilla
el baño
el lavabo
el grifo
la pila
la nevera
la lavadora
la lámpara
la televisión
la antena
la ducha
el toallero
la jabonera
el garaje
la piscina
el lavavajillas
el horno
el calentador
el tendedero

Verbos
residir
vivir
alquilar
comprar
costar
valer
vender
apagar
encender
enchufar
limpiar
arreglar
lavar
apretar
llamar
hablar

Adjetivos
ciudadano
paisano
pueblerino
provinciano
alumbrado
caliente
frío
estropeado
eléctrico
empapelado
limpio
soleado
oscuro
sucio
alquilado
tranquilo
amueblado
tapizado

2.6. Expresiones

sentarse a la mesa
levantar la mesa
dar con la puerta en las narices
ir de puerta en puerta
casa con dos puertas, mala es de guardar
en casa del herrero, cuchillo de palo

3 Profesión, trabajo, creencias

3.1. Lugar de trabajo

el trabajo
el empleo
el puesto de trabajo
la fábrica
el taller
la oficina
el negocio
el banco
la empresa
el ejército
la iglesia
la tienda
el almacén
la industria
la mina
la bodega
el supermercado
el hospital
la farmacia
la universidad
el instituto
la escuela

3.2. Profesión

el/la empresario/a
el/la director/a
el/la jefe/a
el patrón
el militar
el/la profesor/a
el/la estudiante
el piloto
la azafata
el/la programador/a
el/la pintor/a
el/la escritor/a
el/la periodista
el/la abogado/a
el/la médico
el/la ingeniero
el/la ejecutivo/a
el banquero
el/la arquitecto
el/la oficinista
el/la veterinario/a
el/la farmacéutico/a
el/la físico
el/la químico
el sacerdote
la sacerdotisa
el/la astrónomo
el/la matemático
el/la escultor/a
el/la músico
el/la compositor/a
el actor
la actriz

3.3. Oficios

el fontanero
el carpintero
el electricista
el zapatero
el tapicero
el ebanista
el albañil
el/la artesano/a
el minero
el tornero
el bodeguero
el/la oficinista

el/la secretario/a
el cerrajero
el/la peluquero/a
el sastre
la modista
el/la modisto
el mecánico
el chapista
el/la cocinero/a
el/la lechero/a
el/la carnicero/a
el/la panadero/a
el/la pescador/a
el/la pescadero/a
el/la frutero/a
el/la portero/a
el/la camarero/a
el/la pastelero/a

Verbos
trabajar
vender
comprar
terminar
acabar
ganar
pagar
cobrar
contratar
despedir
fabricar
construir
ejercer
desempeñar

Adjetivos
tranquilo
activo
trabajador
lento
vago
hábil
torpe
industrial
práctico
automático
capaz
barato
caro
costoso
frágil
atrasado
valioso
rico
pobre

3.4. **Ingresos**

el sueldo
el salario
la paga
el incremento
la hora extraordinaria
la cotización
el jornal
los impuestos
la desgravación

3.5. **Religión**

Dios
la catedral
la iglesia
la capilla
el obispo
el cardenal
el arzobispo
el papa
la Virgen
el/la prior/a
el/la santo/a
el sacerdote
el cura
la misa
el/la monje/a
el convento
el seminario

3.6. **Expresiones**

hacer puente
tener fiesta
comprar gangas
zapatero a tus zapatos
ocupar la fábrica
matarse trabajando
la cuesta de enero
huelga de brazos caídos
trabajar a jornal
ganarse la vida
la cuenta corriente
la cuenta de la vieja

4 El paisaje. La fauna

4.1. El paisaje

la tierra
el terreno
el continente
el glaciar
la comarca
la región
el sitio
el lugar
el prado
el desierto
el páramo
el monte
la montaña
la sierra
la cordillera
la autopista
la carretera
el camino
el agua

el río
el lago
la selva
el bosque
la isla
el archipiélago
el valle
la colina
la cueva
el arroyo
el cauce
la orilla
el hielo
la nieve

Verbos
admirar
asomarse
cubrir
rodear
limitar
lindar

Adjetivos
bajo
profundo
llano
liso
montañoso
arenoso
polvoriento
rocoso
ondulado
helado

4.1.1. *Expresiones*

ser muy mirado
echar una mirada
salir por los cerros de Úbeda
echarse al monte

hacer agua
estar con el agua al cuello
ser más claro que el agua

4.2. El mar. La playa

el mar
el océano
la marea
la bajamar
la pleamar
la altamar
la marejada

la mar gruesa
la costa
el acantilado
la bahía
el puerto
el faro
la ría

la cala
el cabo
el golfo
la playa
la arena
el guijarro
la duna

la ola
el oleaje
la roca
la espuma
la oleada

Verbos
bañarse
desaguar
desembocar

Adjetivos
claro
turbio
tranquilo
revuelto
encrespado
salado
arenoso
rocoso

4.3. **La fauna**

el animal
el mamífero
el caballo
la yegua
el toro
el novillo
el buey
la vaca
la ternera
el/la perro/a
el cachorro
el/la gato/a
el ratón
la mula
el asno
el/la burro/a
el cerdo
el puerco
la oveja
el/la cordero/a
la cabra
el ciervo
el jabalí
el conejo
la liebre
el/la león/a

Adjetivos
dócil
manso
bravo
peludo
porcino
noble
rápido
feroz
acuático
silvestre

el tigre
el elefante
el mono
el pájaro
el canario
la golondrina
la paloma
la codorniz
la cigüeña
el águila
la gallina
el gallo
el pavo
el pato

Verbos
relinchar
rebuznar
mugir
balar
ladrar
aullar
galopar
trotar
pacer
picotear
rumiar
anidar
empollar
revolotear
trinar
gorjear

4.3.1. *Expresiones*

coger el toro por los cuernos
dar gato por liebre
de noche todos los gatos son pardos
gato escaldado, del agua fría huye
haber gato encerrado
perro ladrador, poco mordedor

4.4. La fauna marina

el pez
el pez espada
la ballena
el tiburón
el delfín
la foca
el cachalote
la medusa
los crustáceos
los moluscos
los mariscos
el pulpo
la langosta
el cangrejo
el mejillón
la ostra

Verbos
pescar
colear
escamar
salar
ahumar
curar
escabechar

Adjetivos
brillante
escamoso
fino
delicado
fresco
ahumado
salado
escabechado

4.5. Los insectos. Los reptiles

la mosca
el mosquito
la pulga
la hormiga
la abeja
la avispa
la mariposa
el grillo
la cigarra
el gusano
la tortuga
el lagarto
la lagartija
la rana
el sapo
la culebra
la víbora

Verbos
picar
libar
molestar
chupar
reptar

Adjetivos
invertebrado
reptador
venenoso
dañino
inofensivo
molesto

4.5.1. *Expresiones*

tener una lengua viperina
ir a paso de tortuga
ser una mosquita muerta
echar sapos y culebras

5 Condiciones atmosféricas

5.1. El clima

el clima
el tiempo
el temporal
la tempestad
la lluvia
la llovizna
la nieve
la escarcha
el hielo
la helada
la niebla
la neblina
la sombra
la temperatura
el sol
la estrella
la luna
la nube
el aire
el viento
la humedad

Verbos
llover
hacer frío/calor
hacer buen tiempo
malo
cesar
acabar
empezar
nublarse
nevar
tronar
helar
relampaguear

la tormenta
el trueno
el relámpago
el rayo

Adjetivos
frío
caluroso
agradable
seco
húmedo
templado
fresco
helado
oscuro
claro
cubierto
despejado
lluvioso

5.1.1. *Expresiones*

a mal tiempo, buena cara
la calma chicha
estar hecho una sopa
estar calado hasta los huesos

5.2. El tiempo

el día
la madrugada
la mañana
el mediodía
la tarde
la noche
la medianoche
la oscuridad
el día de fiesta
el calendario
la semana

el lunes
el martes
el miércoles
el jueves
el viernes
el sábado
el domingo
el mes
enero
febrero
marzo

abril
mayo
junio
julio
agosto
septiembre
octubre
noviembre
diciembre
las estaciones
la primavera

el verano
el otoño
el invierno
el trimestre
el semestre
el año
el decenio
el siglo

Verbos
amanecer
anochecer
atardecer
veranear

Adjetivos
diario
diurno
nocturno
semanal
mensual
anual
bisiesto
trimestral
semestral
capicúa
pasajero
duradero
futuro
siguiente
anterior
último
festivo
laborable
estival
invernal
primaveral
otoñal

5.2.1. *Expresiones*

quitarse o ponerse años
tener más años que Matusalén
en tiempos de Maricastaña
matar el tiempo
dar tiempo al tiempo
despuntar el día
año de nieves, año de bienes

5.3. **Medida del tiempo**

la hora
el minuto
el segundo
la décima
el reloj
el reloj de bolsillo
el reloj de pulsera
el reloj de mesa
el reloj de pared
el despertador
el cronómetro
el minutero
el segundero
la aguja
la cuerda
la esfera
la cadena
la correa

Verbos
andar
adelantar
poner en hora
dar cuerda
tener cuerda
atrasar
sonar

Adjetivos
exacto
lento
rápido
automático
roto

el horario
el relojero
¿qué hora es?
es la una
son las dos/tres...
las diez menos cuarto
la una y media
las once y diez

5.3.1. *Expresiones*

más vale tarde que nunca
fuera de tiempo
hace mucho tiempo
el tiempo es oro
a la puesta del sol

5.4. Modalidades atmosféricas

la lluvia torrencial
el chaparrón
el aguacero
el chubasco
el huracán
el ciclón
el sirimiri
el calabobos
el aguanieve
la ventisca
el granizo
el bochorno

la tromba de agua
la gota fría
el terral
la tramontana

Verbos
llover
gotear
granizar
nevar

Adjetivos
mojado
grisáceo
pardo
variable
constante

5.5. La flora

el árbol
la planta
la flor
la rosa
la azucena
el azahar
la gardenia
la madreselva
el jazmín
la yedra
la amapola
el espliego
el tomillo
la hierbabuena
la clavelina
la hortensia

el trébol
el olmo
el olivo
el ciprés
la biznaga

Verbos
sembrar
florecer
trepar
oler
brotar
deshojar
plantar

Adjetivos
oloroso
ornamental
perfumado
marchito
vivaz
silvestre
descolorido

5.5.1. *Expresiones*

no hay rosa sin espinas
estar en la flor de la edad
la flor y nata de la sociedad

Entretenimientos. Aficiones

6.1. Radio y televisión

la radio
la televisión
la emisora
el estudio
el plató
el televisor
el transmisor
el transistor
el sonido
la música
el receptor
la emisión
la audición
las noticias
el horario
la antena
el repetidor
el micrófono
la cabina
el locutor
el altavoz
el disco
el magnetófono
la cinta
el cassette
el tocadiscos

el compacto
el amplificador
el auricular
el programa
la carta de ajuste
el canal de televisión
la onda
el vídeo

Verbos
radiar
televisar
transmitir
conectar
tocar
coger la onda
encender
apagar
escuchar
ajustar
emitir
anunciar
sintonizar

Adjetivos
alto
bajo
televisado
radiado
musical
desafinado
desentonado
transmitido

6.2. El teatro

el teatro
el guiñol
el escenario
el telón
las tablas
la decoración
la coreografía
la escenografía
el apuntador
la sala
las bambalinas
el palco

Verbos
apuntar
ensayar
debutar
estrenar
representar
aplaudir
patear

Adjetivos
teatral
dramático
trágico
cómico
lírico
divertido
gracioso

el patio de butacas
el anfiteatro
el acomodador
la taquilla
la taquillera
la entrada
el guardarropa
el drama
la comedia

la tragedia
el melodrama
la pieza
el acto
el diálogo
el monólogo
el argumento
la acción
el nudo

el desenlace
la sesión
la ópera
la zarzuela
el sainete
el tablado
la revista
la compañía
el conjunto

6.2.1. *Los personajes*

el personaje
el/la protagonista
el antagonista
el papel
el actor
la actriz

el actor cómico
el galán
la dama
el tenor
el/la tiple
el/la soprano

el/la contralto
el barítono
el bajo
el/la solista

6.2.1.1. *Expresiones*

echar el telón
tener un lleno
sacar las entradas

tener tablas
poner en escena

6.3. **El cine**

la proyección
la película
el filme
el proyector
el documental
el corto
el cine mudo/sonoro
los dibujos animados
la pantalla
el guión
la imagen
el reparto
el doblaje
los efectos sonoros

Verbos
rodar
filmar
proyectar

Adjetivos
recomendable
lleno
abarrotado
sensacional
divertido

la estrella
el pase
el estreno
la sesión de tarde
la sesión de noche

6.4. **El concierto**

la música
la orquesta

el director
el programa

la pausa
la sinfonía

la sonata
el estribillo
el cuarteto
el coro
el dúo
el/la solista
la batuta
la partitura
el/la pianista
el piano
el teclado
el violín

la guitarra
los instrumentos de cuerda
los instrumentos de viento

Verbos
cantar
tocar
resonar
entonar
desentonar

Adjetivos
clásico
popular
instrumental
expresivo

6.5. **Expresiones**

soltar un gallo
llevar la voz cantante
dar el do de pecho
bailar en la cuerda floja
templar gaitas
echar teatro a algo
llevar la batuta

Actividades artísticas. La prensa

7.1. La pintura

el arte
el/la artista
el estudio
el/la pintor/a
el boceto
el cuadro
el lienzo
el marco
la acuarela
el retrato
el color
el bodegón
el pincel
la paleta
el caballete

el/la modelo
la exposición
la galería
la sala
el museo

Verbos
pintar
dibujar
copiar
esbozar
sombrear
imitar

Adjetivos
artístico
natural
original
abierto
cerrado
pintoresco
acabado

7.2. La fotografía

la máquina
la cámara
el/la fotógrafo/a
el carrete
el rollo
la copia
el clisé
el negativo
la ampliación
el tamaño
el diafragma

el objetivo
el teleobjetivo
el revelado

Verbos
revelar
fotografiar
retratar
encuadrar

Adjetivos
revelado
velado
rápido
borroso

7.3. La escultura

el taller
el/la escultor/a
la arcilla
la maqueta
el molde
la talla

Verbos
labrar
modelar
esculpir
tallar
forjar
cincelar

la estatua
el monumento
la fundición
el fundidor

Adjetivos
escultural
escultórico
realzado
plástico
policromado

7.4. **La arquitectura**

el/la arquitecto/a
el plano
el edificio
el rascacielos
la torre
el estadio
el polideportivo
el puente
la bóveda
el crucero
los cimientos

el arco
el muro
el dique
el túnel
la muralla

Verbos
edificar
levantar
amurallar
cimentar

Adjetivos
profundo
rebajado
simétrico
calado

7.5. **La prensa**

el periódico
la revista
el periodismo
el/la periodista
la edición
la tirada
el ejemplar
el diario
el semanario
la agencia
la noticia
la redacción
el/la director/a
el/la redactor/a
el/la reportero/a
la crónica
el/la cronista
la reseña
el/la colaborador/a
el crítico
el editorial
la información

el/la columnista
el/la articulista
la entrevista
el reportaje
la declaración
los titulares
la columna
el anuncio
la impresión
la rotativa
el quiosco
el/la repartidor/a
el/la vendedor/a

Verbos
publicar
informar
entrevistar
anunciar
reseñar

Adjetivos
reseñado
criticado
informado
semanal
mensual
diario

7.5.1. *Expresiones*

venir a cuento
darse bombo
echar incienso
dar buena cuenta de algo

8 Aficiones: deportes y toros

8.1. El deporte

los deportes
el alpinismo
el montañismo
el atletismo
la natación
la esgrima
la gimnasia
el fútbol
el balonvolea
el balonmano
el baloncesto
el tenis
el automovilismo
el motociclismo
el ciclismo
el esquí
el boxeo
el rugby
la hípica
el entrenamiento
el/la entrenador/a
el árbitro
el récord
el/la campeón/a
el campeonato
la liga
el concurso
la carrera
la vuelta
el cronómetro
la competición
el partido
la copa
la medalla
el triunfo
el podio

8.2. El atletismo. El esquí. La gimnasia

el/la alpinista
la marcha
la ascensión
la excursión
el albergue
la tienda
la mochila
el/la atleta
la pista
la carrera
el/la corredor/a
la jabalina
el disco
el martillo
el lanzamiento
el salto de longitud
el salto de altura
la pértiga
la pista de tartán
las vallas
las paralelas
el ejercicio
el/la gimnasta
el gimnasio
el boxeador
el púgil
el ring
el cuadrilátero
el golpe
el gancho
los guantes
el asalto
el/la esquiador/a
los esquís
el trineo
la silla
el teleférico
el telesilla

8.3. El fútbol. El baloncesto

el estadio
la cancha
el campo de fútbol
el marcador
las gradas
el graderío
el césped
el balón
el equipo
el partido
el árbitro
las faltas
la técnica
la personal
el penalty
el córner
el saque de banda
las canastas

el aro
el alero
el base
el pivot
la portería

los postes
la red
el centro del campo
el portero
el medio

el defensa
el delantero
el extremo

8.4. Otros deportes

el tenis
la red
la raqueta
el juez
la ventaja
iguales
la volea
el saque
el revés
la pelota
el doble
la natación
el/la nadador/a
la piscina
la pilota
las calles
el ciclismo
el ciclista
la bicicleta
el pelotón
el pedal
la prueba
el automovilismo
el coche

el volante
el freno
el neumático

Verbos
golear
encestar
sortear
entrenarse
ejercitarse
organizar
batir
aclamar
recoger
botar
devolver
nadar
esquiar
ascender
escalar
luchar
vencer
alcanzar
jugar

Adjetivos
deportivo
olímpico
entrenado
descalificado
nulo
disputado
victorioso
vencedor
veloz
cansado

8.5. Los toros

la corrida
la lidia
el toro
el novillo
el matador
la cuadrilla
el banderillero
el peón
el picador
el puntillero
los clarines
la plaza
el coso

el redondel
el ruedo

el burladero
el callejón

Verbos
rejonear
estoquear
banderillear
brindar
descabellar
picar
torear

Adjetivos
taurino
taurófilo
bravo
manso
noble
aficionado
temerario

la contrabarrera
la barrera
la grada
el palco
la andanada

el toril
el arrastre
las mulillas
la estocada
las banderillas

el puyazo
la muleta
el capote
el estoque

8.5.1. *Expresiones*

saltarse a la torera
estar al quite
echar un capote

dar la puntilla
estar para el arrastre
ver los toros desde la barrera

9 Los viajes. El alojamiento. El transporte

9.1. El viaje

el/la turista
la excursión
las vacaciones
el lugar
la ciudad
el pueblo
el campo
la playa
la temporada
el verano
las Navidades
la Semana Santa
el precio
el billete
la información
el grupo
el/la guía
la aduana
la salida
la llegada
el control
la frontera

el pasaporte
el documento de identidad
el carné
el itinerario
la ruta
el trayecto

Verbos
costar
valer
llegar
salir
circular
atravesar
viajar
disfrutar
declarar

Adjetivos
caro
barato
gratis
extranjero
temprano
tarde
pequeño
grande
privado
oficial
frecuentado
ruidoso
poblado

9.1.1. *Expresiones*

para este viaje no se necesitan alforjas
salirse del tiesto
salirse con la suya
tener buenas salidas

9.2. El alojamiento

el hotel
el aparthotel
el apartamento
la fonda
el hostal
la residencia

Verbos
reservar
molestar
recoger
meter
despertar

Adjetivos
tranquilo
silencioso
invitado
limpio
sucio

el parador
el albergue
la hospedería
la pensión
el camping
el servicio
el conserje

el camarero
el botones
la conserjería
la factura
la propina
el cheque
la tarjeta de crédito

el recado
la nota
el equipaje
la maleta
el bolso
la bolsa

9.3. **La ciudad. La circulación**

la ciudad dormitorio
la ciudad residencial
la población
la capital
el casco antiguo
el municipio
el barrio
las afueras
la urbanización
las cercanías
el extrarradio
el suburbio
el ensanche
la calle
la avenida
la plaza
el ayuntamiento
el parque
el mercado
los paseos
la estación
la estafeta de correos
la circulación

Verbos
residir
visitar
recorrer
atravesar
cruzar
ensanchar
guiar
orientar
asfaltar
regar
pavimentar
indicar
atropellar
circular

Adjetivos
ciudadano
popular
municipal
vecino
urbano
público
poblado
comercial
industrial

el tráfico
el metro
el taxi
el autobús
el tranvía

el autocar
el cobrador
la parada
el semáforo
la carrera

9.4. **El transporte: el tren**

el ferrocarril
el tren
la estación
la taquilla
la consigna
la facturación
la cantina
el andén
la vía
la línea férrea
el vagón
la locomotora

Verbos
subir
apearse
asomarse
alzar
bajar
ir
venir

Adjetivos
rápido
lento
cómodo
incómodo
seguro
reservado
estrecho
expreso

el coche-cama
las literas
el maquinista
el revisor

el ferroviario
la ventanilla
el paso a nivel
la sala de espera

el itinerario
el trayecto
el transbordo
el retraso

9.5. El transporte: el coche

el automóvil
el vehículo
el autocar
el autobús
la furgoneta
el camión
la carrocería
la rueda
el neumático
la dirección
el contacto
el volante
el embrague
el acelerador
el freno
el radiador
el ventilador
el carburador
el capó
la batería

Verbos
cerrar
consumir
acelerar
engrasar
adelantar
rodar
atropellar
cambiar

Adjetivos
experto
imprudente
prudente
peligroso
resbaladizo

las bujías
los faros
las luces
el intermitente
la gasolina
el garaje
el mecánico
la avería

el pinchazo
la matrícula
el tráfico
el atasco
el parachoques
el limpiaparabrisas
el espejo

9.6. El transporte: el avión, el barco

la aeronáutica
la aviación
el avión
el reactor
la avioneta
el aeroplano
el helicóptero
el fuselaje
las alas
la hélice
la cabina
el piloto
la azafata
el vuelo
el despegue
el aterrizaje
el aeropuerto

Verbos
volar
planear
aterrizar
despegar
sobrevolar
descender
pilotar

Adjetivos
favorable
contrario
nublado
despejado

el cinturón
el paracaídas
el/la paracaidista
el tren de aterrizaje
el chaleco salvavidas
la terminal

el buque
el yate
la lancha
el velero
el navío
la fragata
encallar
la nave
la canoa
la barca
el pesquero
el submarino
el dique
el muelle
el puerto
la cubierta
el camarote
el puente
la borda
la proa

Verbos
arribar
fondear
levar anclas
botar
atracar
zozobrar
naufragar
embarrancar

Adjetivos
claro
despejado
cubierto
amarrado
sumergido
estancado

la popa
el timón
la cubierta
la vela
la brújula

el faro
el embarcadero
la tripulación
el marino
la travesía

9.7. **Expresiones**

llevar un buen tren de vida
tirarse un farol
hacer escala
llegar a buen puerto
tener en el bote
ir viento en popa

correr malos vientos
contra viento y marea
darle a uno una ventolera
irse a pique
quedarse en el chasis
tener muchas horas de vuelo

10 La salud. La enfermedad. La figura humana

10.1. La salud, la enfermedad

la salud
el cansancio
el agotamiento
el dolor
la dolencia
la enfermedad
la fiebre
la herida
el resfriado
la bronquitis
el catarro
la gripe
la úlcera
la tensión
el accidente
la operación
la contusión
la lesión
la fractura
el esguince
la farmacia
el médico
el doctor
la consulta
la medicina
la enfermería
el hospital
el sanatorio
la clínica

Verbos
enfermar
resfriarse
indigestarse
respirar
fatigarse
mejorar
agravarse
empeorar
inyectar
estar malo
toser
doler
padecer
curar
cuidar
jadear
recetar
vacunar
cicatrizar
tratar

Adjetivos
aliviado
grave
leve
sano
débil
ileso
indigesto
indispuesto
enfermizo
medicinal
saludable
malo
febril
desfallecido
doloroso
agotado
incurable
preventivo

la receta
la dieta
el régimen
la dosis
el reposo
el descanso

la venda
el termómetro
la inyección
el practicante
la anestesia
el insomnio

10.2. La higiene

el aseo
el baño
la ducha
el jabón
la toalla
el peine
el cepillo

Verbos
afeitarse
peinarse
cortarse el pelo
arreglarse
pintarse

Adjetivos
limpio
sucio
aseado
fresco
pintado

el lavabo
la bañera
las tijeras
la espuma
el dentífrico
la esponja
la máquina
la maquinilla

Verbos
lavarse
enjabonarse
secarse

10.3. La figura humana

10.3.1. *La cabeza*

la cabeza
el cerebro
el pelo
el cabello
la sien
la cara
el rostro
la frente
la barba
la barbilla
el mentón
el ojo
la ceja
la pestaña
las ojeras
la pupila
la mejilla
la oreja
el oído
la frente
la nuca

el cuello
la nariz
la boca
la lengua
el paladar
la mandíbula

las encías
los labios
los dientes
las muelas
el colmillo
la garganta

Verbos
cabecear
encararse
parpadear
pestañear
oír
escuchar
ver
paladear
respirar
morder
inclinar
tragar

Adjetivos
pálido
imberbe
feo
hermoso
guapo
labial
bucal
frontal
sordo
mudo
ciego
tuerto

10.3.1.1. *Expresiones*

no levantar cabeza
tener cabeza de chorlito
romperse la cabeza
dar la cara
andar de cabeza
por la cara
abrir a alguien los ojos
costar un ojo de la cara
en un abrir y cerrar de ojos
hinchársele a uno las narices
dejarle a uno con un palmo de narices
tener el colmillo retorcido
mandar a alguien a hacer gárgaras

10.3.2. *El tronco*

el cuerpo
el hombro
el pecho
la espalda
el costado
la cadera

el estómago
el corazón
los pulmones
las costillas
la sangre
la vena
la respiración

la circulación
las vértebras
la columna vertebral
la espina dorsal
el abdomen
el intestino
el hígado

Adjetivos

corporal
pectoral
pulmonar
intestinal
estomacal

10.3.2.1. *Expresiones*

ir a cuerpo
tomar algo a pecho
echar los hígados
tener cubierto el riñón

10.3.3. *Las extremidades*

el brazo
el codo
el antebrazo
la muñeca
la mano
la palma
el puño
los dedos
el anular
el índice
el pulgar
el meñique
las uñas
los nudillos
la pierna

el muslo
la rodilla
la pantorrilla
el pie

el tobillo
el talón
el empeine

Verbos

bracear
codearse
manosear
empuñar
patear
arrodillarse
doblar
andar

Adjetivos

manual
diestro
siniestro
zurdo
derecho
izquierdo
musculoso
pedestre

10.3.3.1. *Expresiones*

echar un pulso
hablar por los codos
empinar el codo
poner la mano en el fuego
echar el guante
echar una mano
nombrar a dedo
no mover un dedo
tener buena o mala pata
meter la pata
no dar pie con bola
al pie de la letra
caer de pie

11 La educación. La enseñanza

11.1. La enseñanza

la escuela
el colegio
el instituto
la facultad
la universidad
la escuela técnica
el politécnico
la academia
la guardería
el preescolar
el/la profesor/a
el/la maestro/a
el/la catedrático/a
el/la director/a
el/la alumno/a
el/la compañero/a
el/la condiscípulo/a
el/la discípulo/a

el aula
la clase
el curso

Verbos
enseñar
aprender
estudiar
contar
leer
escribir
examinar
asistir
repasar
matricularse
licenciarse
diplomarse

Adjetivos
público
privado
obligatorio
profesional
voluntario

11.2. Diplomas. Títulos. La clase

el título
el diploma
el certificado
la carrera
la licenciatura
el expediente
el acta
la beca
las oposiciones
la convocatoria
la prueba
el examen
la conferencia
el programa
la matrícula
la lección
el ejercicio
la traducción

Verbos
acertar
comprender
responder
redactar
preguntar
aprobar
suspender
faltar
traducir
olvidar
programar
equivocarse
dictar
presentarse
becar
opositar

Adjetivos
matriculado
estudiantil
aprobado
notable
suspenso
sobresaliente
aplicado
estudioso
distraído

el dictado
la pluma
el cuaderno
el ordenador
el vocabulario
la explicación
el diccionario
la pizarra
el libro
el folio
el papel
la tiza
el mapa
el lápiz
el bolígrafo
la hoja
los apuntes

11.3. **El lenguaje**

la lengua
el habla
la voz
el idioma
la conversación
el grito
la charla
la palabra
el tono
el sonido
la entonación
el timbre
el silencio

Verbos
conversar
hablar
llamar
gritar
vocear
callar
dudar
contar
interrumpir
balbucear
tararear
chillar
pronunciar

Adjetivos
moderna
clásica
viva
culta
vulgar
charlatán
sonoro
claro
agudo
suave
políglota
deslenguado

11.4. **Las lenguas**

el español
el catalán
el gallego
el vasco
el francés
el inglés
el alemán
el italiano
el holandés
el danés
el sueco
el ruso
el árabe
el chino
el japonés
el hindú
el portugués

11.5. **Expresiones**

ser suelto de lengua
tener lengua de víbora
tener la lengua larga
no tener pelos en la lengua
tirar de la lengua
hablar como una cotorra
ser un rollo
ser un hueso
saber algo de buena tinta
ser más listo que el hambre
vérsele a uno el plumero

12 La alimentación. La comida. La bebida

12.1. La comida

el desayuno
el almuerzo
la comida
la merienda
la cena
el aperitivo
el plato
los entremeses
el postre
el picoteo
el pan
el bollo
la sal
el aceite
el vinagre
la ensalada
las vinagreras

Verbos
comer
desayunar
almorzar
cenar
merendar
tomar
servirse

Adjetivos
abundante
sabroso
soso
salado
rico
excelente
escaso
detestable
incomestible

el salero
el mantel
la servilleta
los cubiertos
el cuchillo

el tenedor
la cuchara
la cucharilla
la bandeja
la carta

12.2. La bebida

el agua
el agua mineral
el vino
la cerveza
la sidra
el champán
el jerez
el rioja
el valdepeñas
el anís
el aguardiente
el orujo
la ginebra
el ron
el licor
el coñac
el vermut
la gaseosa

Verbos
beber
catar
brindar
vaciar
escanciar
emborracharse
tener sed

Adjetivos
blanco
clarete
tinto
fresco
afrutado
espumoso
sediento
sobrio
ebrio
refrescante

el refresco
la limonada
la naranjada
la horchata

la leche
el café
el té

12.3. **Tipos de comida**

la carne
el filete
el solomillo
el escalope
la chuleta
el jamón
los embutidos
la longaniza
el chorizo
el salchichón
la morcilla
el lomo
el pollo
el pescado
el marisco
las legumbres
la fabada
las lentejas
el cocido
los garbanzos
las verduras
la lechuga
el tomate
la zanahoria
el arroz

Verbos
condimentar
freír
asar
cocer
guisar
hervir

la paella
las patatas
el huevo
la tortilla
las pastas
los fideos
la sopa
el caldo
el gazpacho
la mantequilla
el queso
el postre
el café
la fruta

Adjetivos
asado
frito
goloso
crudo
pasado
solo
cortado
insípido

la manzana
la pera
el melocotón
la naranja
el melón
la sandía
el plátano
las uvas
las fresas
el dulce
el chocolate
la mermelada
los pasteles
la tarta

12.4. **Pescados y mariscos**

la sardina
la anchoa
el boquerón
el besugo
el rodaballo
la merluza
el lenguado
el bacalao
la pescadilla
el atún
el salmón
el salmonete
la trucha
el lucio
el calamar

Verbos
condimentar
freír
asar
cocer
hervir

la sepia
el pulpo
la langosta
el langostino
la cigala
las gambas

Adjetivos
asado
frito
pasado
fresco

los percebes
la almeja
el mejillón
el cangrejo
la ostra
la angula

12.5. **Expresiones**

comer a la carta
tener mal vino
tomar el fresco
bautizar el vino
ser de buena pasta
partir el bacalao
comer a dos carrillos
comer a cuerpo de rey
de grandes cenas están las sepulturas llenas
contigo pan y cebolla
lo comido por lo servido
metido en carnes

13 El comercio. La industria. El vestido

13.1. El comercio

la exportación
la importación
el negocio
la tienda
el mercado
el supermercado
el autoservicio
el almacén
la sucursal
el escaparate
la caja
la sección
la mercancía
el encargo
el pedido
la compra
la venta
la subasta
la oferta
la demanda
la publicidad
el paquete
la rebaja
el descuento
la factura
el recibo
la letra de cambio
el plazo
la industria
la fábrica
la refinería
la fundición
el fabricante
el técnico

13.2. El banco. La bolsa

el banco
la banca
el crédito
el préstamo
la garantía
la fianza
el depósito
la hipoteca
el cheque
el talonario
el talón
la cuenta
la bolsa
el título
el cupón
el dinero
la acción
el interés
el ahorro

Verbos

ganar
vender
ahorrar
salir
bajar
pagar
costar
comprar
vender
prestar
subastar
cobrar
depositar
amortizar
producir
importar
exportar
hipotecar
descontar
aplazar
ingresar
abrir, cancelar una cuenta
rebajar
invertir
facturar

Adjetivos

industrial
caro
barato
costoso
atrasado
valioso
adinerado
rico
pobre
acomodado
vencido
acreditado
hipotecado
garantizado

13.3. **Las tiendas**

la librería
la papelería
la droguería
la zapatería
la peluquería
la joyería
la tienda de discos
la tienda de fotografía
la tienda de electrodomésticos
la frutería
el estanco
la tintorería
la mantequería
la carnicería
la pescadería
la heladería
la panadería
la pastelería
la confitería
la lavandería
la ferretería

13.4. **El vestido**

la ropa
el vestido
el traje
la chaqueta
la americana
el pantalón
la falda
el abrigo
la gabardina
el impermeable
la camisa
la blusa
el pijama
el camisón
la ropa interior
los calcetines
las medias
el bolsillo
el cuello
el camisero
la bufanda
los guantes
el sombrero
el cinturón
la corbata
el pañuelo
los zapatos
las zapatillas
las botas
las sandalias

Verbos
calzar
descalzar
vestirse
desnudarse
abrocharse
estrenar
ensuciar
planchar
coser
arreglarse
cepillar
abrigarse
probarse ropa
ponerse ropa

el anillo
la sortija
los pendientes
el collar
la pulsera
las gafas
el reloj
el sastre
la modista

Adjetivos
sencillo
elegante
viejo
nuevo
moderno
ajustado
forrado
bordado
gastado
estropeado
estampado
azul
negro
marrón
verde
gris
rojo
naranja
blanco
amarillo
rosa
claro
oscuro

el modisto
el bolso
la cartera
el uniforme

13.5. **Expresiones**

vestirse a la moda
vestir a la última
pasar de moda
ir a cuerpo
ponerse las botas
meterse en camisa de once varas

14 La moneda. El correo. La sociedad. El estado

14.1. La moneda

la moneda
el monedero
el dinero
el billete
el oro
la plata
el valor
el precio
la peseta
el duro
el escudo
la efigie
la calderilla
los céntimos
la tarjeta de crédito
las divisas
el dólar
el marco

Verbos
acuñar
emitir
circular
valer
empeñar
ahorrar
gastar

Adjetivos
válido
falso
gastado
antiguo
extranjero

la libra
el franco
el peso
la lira

el dracma
el florín
la corona
el rublo

14.2. El correo

la estafeta
la administración de Correos
el paquete postal
la carta
la tarjeta
el buzón
el reparto
la recogida
el telegrama
el fax
las señas
el remitente
el destinatario
el sobre
el franqueo
el sello
el timbre
la fecha

Verbos
escribir
remitir
certificar
firmar
sellar
cerrar
franquear
colgar
telefonear
comunicar
enviar
distribuir
redactar
descolgar
cartearse
telegrafiar

Adjetivos
urgente
rápido
postal
certificado
telefónico
telegráfico
retrasado

el teléfono	el auricular	el disco
la llamada	el/la telefonista	el cobro revertido
el locutorio	el prefijo	la comunicación
la cabina	el número	
la línea	la señal de llamada	

14.2.1. *Expresiones*

poner las cartas sobre la mesa	cartearse
tomar cartas en el asunto	poner al corriente

14.3. La sociedad

	Verbos	***Adjetivos***
la presentación	saludar	*sociable*
la invitación	presentar	*cortés*
el convidado	frecuentar	*distinguido*
el/la huésped	tratar	*adulador*
la visita	invitar	*descarado*
la recepción	convidar	*afable*
la velada	visitar	*tímido*
la tertulia	recibir	*aburrido*
el saludo	aburrir	*influyente*
la entrevista	despedirse	
el trato		
la cita		
la cortesía	la ruptura	el lujo
el disgusto	la fama	la representación

14.4. El estado

	Verbos	***Adjetivos***
el país	administrar	*nacional*
la nación	gobernar	*patriótico*
la patria	reinar	*estatal*
la bandera	jurar	*político*
el territorio	destituir	*republicano*
la nacionalidad	nombrar	*democrático*
el/la ciudadano/a	deliberar	*público*
el gobierno	proclamar	*constitucional*
la oposición	promulgar	*legal*
el régimen		*ilegal*
el reino		
el soberano		
la monarquía	el/la funcionario/a	las cortes
la dinastía	el/la ministro/a	el/la diputado/a
el estado	el presupuesto	la votación
el/la estadista	la constitución	la diplomacia
la república	la ley	la embajada
la democracia	la asamblea	el consulado
la dictadura		el senado

15 Pesos y medidas. Los números

15.1. Pesos y medidas

la longitud
la latitud
el ecuador
el meridiano
la superficie
la profundidad
la altura
la anchura
el metro
el centímetro
el kilómetro
el peso
el kilo
el área

Verbos
medir
pesar
valorar
dividir
comparar

el espacio
el volumen
el litro
el hectólitro
la tonelada

Adjetivos
corto
largo
estrecho
ancho
alto
profundo
llano
ondulado
pesado
ligero
vertical
perpendicular
horizontal

15.2. Los números

la cuenta
el cálculo
la suma
la resta
la multiplicación
la división
el resultado
la solución
el problema
la diferencia
la unidad
la decena
el millar
la cifra
el número
la parte
la mitad
el tercio

Verbos
calcular
sumar
restar
multiplicar
dividir
aumentar
disminuir
enumerar
doblar
triplicar

Adjetivos
exacto
inexacto
igual
complicado
incalculable
calculable
par
impar
doble
triple
decimal

15.2.1. *Cardinales*

uno
dos
tres
cuatro
cinco
seis
siete
ocho
nueve
diez
once
doce
trece
catorce
quince
diez y seis (dieciséis)
diecisiete
dieciocho
diecinueve
veinte
veinte y uno (veintiuno)
treinta
cuarenta
cincuenta
sesenta
setenta
ochenta
noventa
cien (ciento)
ciento uno
doscientos
trescientos
cuatrocientos
quinientos
seiscientos
setecientos
ochocientos
novecientos
mil
dos mil
millón
dos millones
billón
dos billones

15.2.2. *Ordinales*

primero
segundo
tercero
cuarto
quinto
sexto
séptimo
octavo
noveno
décimo
undécimo
duodécimo
decimo tercero
decimocuarto
decimoquinto
decimosexto
decimoséptimo
decimooctavo
decimonoveno
vigésimo
vigésimoprimero
trigésimo
cuadragésimo
quincuagésimo
sexagésimo
septuagésimo
octogésimo
nonagésimo
centésimo
milésimo
millonésimo

II

EJERCICIOS COMPLEMENTARIOS

I Identificaciones personales

1. **Estudie estas palabras durante dos minutos y, a continuación, escriba todas las que recuerde.**

apellido • señor • marido • joven • niño • familia • anciano • soltero • inteligencia • opinión • amor • felicidad • tristeza • amigo • simpatía • miedo • inteligente • dolor • disgusto

2. **Lea las siguientes palabras y escriba al lado de cada una todas las palabras y expresiones que le sugieran. También puede grabar todo lo que le recuerden:**

persona: ....

bebé: ....

pariente: ....

opinión: ....

sentimiento: ....

3. **Una las definiciones de la columna Ⓐ con el verbo correspondiente de la columna Ⓑ.**

A		B	
1.	Hacerse vieja o antigua una persona o cosa.	*a)*	saber
2.	Pasar la vista por un texto escrito, comprendiéndolo.	*b)*	nacer
3.	Derramar lágrimas.	*c)*	enviudar
4.	Sentir antipatía.	*d)*	comprender
5.	Conocer una cosa, estar informado.	*e)*	odiar
6.	Empezar a existir.	*f)*	envejecer
7.	Quedar viudo o viuda, al morir un cónyuge.	*g)*	llorar
8.	Entender.	*h)*	leer

4. **Complete el texto con las palabras del recuadro.**

mayor madres sospecha infeliz chicas adolescencia familia pueril intelectual sensación emparentar

Cuando se nace en una .... tan .... como la de Gerardo de Pinillos, se vive con la .... de ser .... antes de tiempo. Gerardo, además, desde su .... había comprendido que todas las .... de las .... casaderas estaban deseando .... con él, con su .... más bien y esta .... le hacía sentirse .... y comportarse de forma ....

5. **Elija la expresión correcta para completar las frases siguientes:**

a) Los padres tienen que comprender
1) con los hijos
2) a los hijos
3) sus hijos

b) Quisieron casarse .... la iglesia
1) fuera de
2) por
3) en

c) Pedro me gusta. Es un hombre
1) con palabra
2) sin palabras
3) de palabra

d) Me pongo nervioso cuando pienso
1) en ti
2) por ti
3) sin ti

e) Me encanta saber un poco
1) para todo
2) por todo
3) de todo

6. **Elija la forma correcta.**

a) Este niño va a ser / ha sido un buen mozo.
b) Las personas mayores emociónanse / se emocionan con facilidad.

c) Nacemos, crecemos y envejecemos/envejeceréis.
d) Mi hermano se divorció/se divorciará el mes pasado.
e) Lloraba y rió/reía al mismo tiempo.

7. Cambie el masculino a femenino y plural, cuando sea posible.

a) El chiquillo crecía todos los meses.
b) Mi novio se casó con mi amiga.
c) Este hombre tuvo una niñez triste.
d) ¡Eres un alegre solterón!
e) El cuñado de mi marido es mi hermano.

8. Indique la edad correspondiente a estos términos.

— bebé	De 0-5 años
— niño	Hasta 5-10
— adolescente	10-15
— joven	15-20
— adulto	20-30
— anciano	30-40
	40-50
	50-60
	60-70
	70 ó más

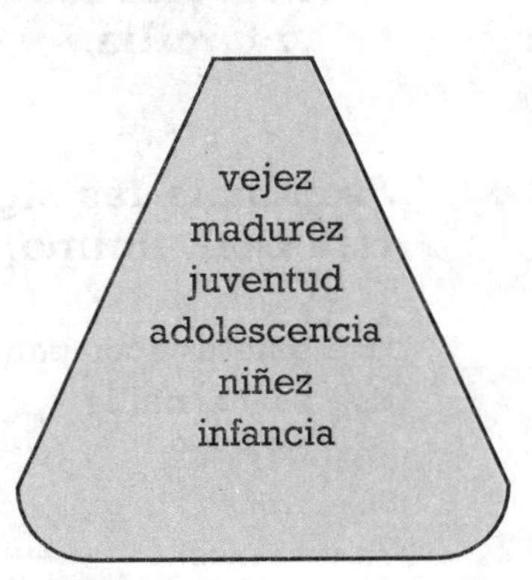

9. Reflexione y explique las declaraciones siguientes.

	Significado	*Contexto*
a) Ya sabes... Está en la edad del pavo		
b) A los jóvenes les encanta jugarse la vida		
c) Ten cuidado. No es persona de fiar		
d) Pepe, que ya no tienes quince primaveras		
e) Casi todos los pasajeros escaparon con vida		

10. **Rellene este árbol familiar con los nombres de sus parientes.**

Abuelos paternos

Abuelo | Abuela

Abuelos maternos

Abuelo | Abuela

Sus padres

Padre | Madre

?

USTED | Sus hermanos | Sus tíos

? Cónyuge

Hijos

A continuación, añada otras relaciones familiares que recuerde.

11. **Escriba una breve autobiografía o, si lo prefiere, la historia de su familia.**

12. **Pronuncie las siguientes palabras y frases en tono infantil, fraternal, íntimo, alegre y cordial.**

¿Me quieres acompañar al médico?
Ésta es mi familia.
¿Por qué no?
Sí.
Ya veremos...

13. **Exprese con gestos lo que le proponemos a continuación.**

— Estoy en la flor de la edad.
— Estoy desolado...
— Estoy muy, muy ilusionado.
— De repente, sentí temor.
— Querido, tienes un carácter infantil.

14. **Busque en esta sopa de letras diez verbos relacionados con los sentimientos:**

M	V	H	G	E	E	S	A	O	I	L	K	M	W
A	W	M	O	O	S	T	Z	M	Ñ	L	X	K	J
W	I	E	M	O	C	I	O	N	A	R	B	G	E
L	E	U	B	D	X	C	Ñ	S	U	R	H	L	E
Q	Z	Ñ	V	I	M	Z	A	Y	A	A	Q	A	V
T	G	O	J	A	J	V	W	T	F	L	E	M	H
P	M	X	R	R	A	R	S	T	H	O	A	E	T
P	O	C	S	P	A	U	B	S	D	S	U	N	Y
Q	P	U	A	R	S	T	A	E	O	N	T	T	M
O	R	Z	G	A	Z	R	B	N	K	O	W	A	S
A	A	E	W	I	X	J	E	T	Y	C	B	R	R
C	L	X	K	L	A	Ñ	S	I	D	K	W	I	P
A	N	G	U	S	T	I	A	R	D	L	M	O	O
C	Ñ	Ñ	M	J	A	A	R	H	F	Q	D	S	Z

II Circunstancias personales: lugar de residencia

1. **Complete esta «casa» añadiendo todos los servicios y objetos que recuerde.**

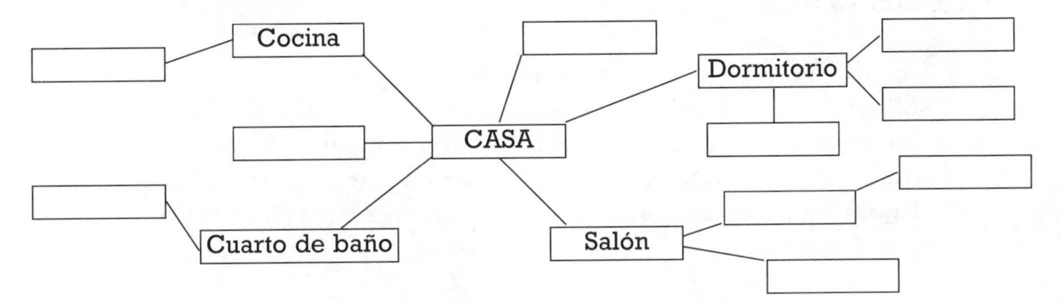

2. **Elimine el término que no pertenezca al grupo.**

a) casa / edificio / paseo / apartamento
b) ventana / jardín / patio / garaje
c) empapelado / tapizado / vendido / amueblado
d) alquilar / caliente / vender / valer
e) calle / avenida / ciudad / plaza

3. **Explique las diferencias.**

a) tejado / techo
b) balcón / ventanal / terraza
c) piso / chalé
d) cuarto de baño / aseo
e) timbre / telefonillo

4. **Diga si es correcto *(C)* o incorrecto *(I)*.**

	C	I
a) Estocolmo es la capital de Suecia		
b) Las puertas pueden ser de entrada y de salida		
c) En verano, la azotea es el sitio más fresco de la casa		
d) El tendedero debe estar cerca del salón		
e) La lavadora y el lavavajillas tienen la misma finalidad		

5. **Acentúe si es necesario.**

persiana • cojin • telefono • frio • pais • chale • telefonillo • vestibulo • balcon • sabana

6. **Complete las siguientes frases con la forma apropiada de los verbos *ser/estar*.**

a) El timbre .... estropeado ayer.
b) El salón .... la habitación más soleada de la casa.
c) En este pueblo .... el edificio más antiguo de la provincia.
d) Nosotros .... poco tiempo en la terraza porque hacía frío.
e) La piscina que van a construir .... la más larga de la ciudad.

7. **Elija la expresión correcta para terminar estas frases.**

a) Alquilaron un apartamento porque era .... un piso.

1) menos barato como
2) más barato que
3) más barato como
4) tan caro que

b) Vivo en el quinto ....

1) a la derecha
2) de la derecha
3) derecha
4) por la derecha

c) Alquilar un chalé amueblado es ....

1) mas óptimo
2) bien
3) más bueno
4) mejor

d) Desde la terraza se ve .... la ciudad.

1) la más amplia vista que
2) mejor vista de
3) la mejor vista de
4) más vista

e) Esta Plaza Mayor no es .... la de Salamanca.

1) tan bonita que
2) tan pésima que
3) tan grande que
4) tan bonita como

8. **Forme el diminutivo de:**

pueblo	sábana ....
piso	manta ....
plaza	alfombra ....
chalé	mantel ....
cocina	cuchara ....
balcón	calle ....
llave	terraza ....
silla	tenedor ....

9. **Relacione la columna Ⓐ con la columna Ⓑ y escriba frases, como en los ejemplos siguientes:**

***Voy a** abrir la puerta.* ***Acaban** de abrir la puerta.*

A	B
arreglar	gas
vender	calentador
lavar	Francia
apagar	timbre
residir	teléfono
enchufar	piso
llamar	grifo
hablar	mantel
limpiar	moqueta
llamar por	puerta

10. **Utilizando las expresiones de la sección 2.2.6, escriba frases equivalentes.**

a) Nos pusimos en nuestros sitios para empezar a comer.
b) ¡Suspendieron en lengua inglesa al hijo de la profesora de inglés!
c) Vamos a recoger los platos y los vasos.
d) Cuando llegamos no quisieron recibirnos.
e) Nos fuimos de veraneo y se nos olvidó cerrar la puerta del jardín.

11. **¿A qué corresponden estas abreviaturas?**

Sr.	dcha.	Tel. ....
Sra.	izda.	D. ....
Sres.	Avda.	D.ª ....
c/	W.C.	Ptas. ....
n.º	T.V.	C.P. ....

12. **Ordene este diálogo entre usted y un agente de la propiedad inmobiliaria.**

a) ¿Alquiler o compra?
b) Buenos días. ¿Qué desea?
c) ¿Lo quiere amueblado o sin amueblar?
d) Quisiera información sobre pisos.
e) ¿Y el precio?
f) Para alquilar... un apartamento pequeño.
g) ¿Podría verlos?
h) Por supuesto. Le doy las direcciones y los conserjes se los enseñará.
i) ¿De un dormitorio?
j) Tenemos varios. En la calle de Potosí... en la calle de Colombia y...
k) El de Potosí, son 80.000 pesetas al mes y, el de Colombia, 65.000.
l) Exactamente. Por la zona de Chamartín.
m) Amueblado, mejor.

13. **Describa un palacio que acaba de visitar. Si lo prefiere, puede grabar la descripción.**

III Profesión, trabajo, creencias

1. Relacione las columnas Ⓐ, Ⓑ y Ⓒ.

A *Profesión*	B *Lugar de trabajo*	C *Actividad*
profesor	hospital	operaciones
médico	avión	enseñanza e investigación
cirujano	teatro	enseñanza
farmacéutico	despachos y empresas	atención a pasajeros
abogado	universidad	venta de medicinas
azafata	consulta	asesoría legal
actriz	colegios	actuación teatral
periodista	farmacia	prescripción de medicinas
	empresas de comunicación	redacción de noticias

2. Agrupe las siguientes palabras:

	Persona	*Lugar*	*Cualidad*	*Acción*
patrón........................				
fábrica........................				
hábil..........................				
programador.............				
modista				
construir....................				
catedral.....................				
costoso				

3. Diga las profesiones u oficios relacionados con:

edificios ....
medicina ....
arte ....
religión ....
enseñanza ....
técnica ....
servicios ....
vestido y calzado ....
dinero ....
industria ....
alimentación ....
animales ....

4. **Con ayuda de un diccionario, escriba sinónimos y antónimos, indicando si son positivos o negativos.**

	Sinónimos	+	–	*Antónimos*	+	–
tranquilo	....			....		
lento	....			....		
caro	....			....		
torpe	....			....		
frágil	....			....		
pobre	....			....		
atrasado	....			....		

5. **Escriba las definiciones según el ejemplo.**

Un supermercado es un lugar donde se compran los alimentos.
Un estudiante es una persona que estudia.

frutería • pescadero • cocina • arquitecto • sacerdote • albañil • taxista • secretaría • camarero • hotel

6. **Elija la expresión correcta.**

a) Para ser médico .... estudiar mucho.
1) se deben
2) hay que
3) deben de
4) pueden

b) Importante empresa .... secretaria con experiencia.
1) necesita
2) buscan
3) se precisan
4) se busca

c) Un actor es una persona .... en el teatro.
1) cuyo trabajo es
2) el cual trabaja
3) la cual trabaja
4) que trabaja

d) El hombre .... saludé es mi jefe.
1) qué
2) a quien
3) de quien
4) por quien

e) .... a trabajar temprano.

1) Tengo que
2) Hay que
3) He de
4) Debo ir

7. **Ponga los artículos determinados e indeterminados que correspondan a las siguientes palabras:**

...... militar	...... piloto	...... cotización
...... estudiante	...... periodista	...... papa
...... empresaria	...... físico	...... cura
...... oficinista	...... actriz	...... priora

8. **Conteste a estas preguntas, por favor:**

a) ¿Cuándo se hace puente?
b) ¿Quién trabaja a jornal?
c) ¿Cómo se gana usted la vida?
d) ¿Tiene usted cuenta corriente?
e) ¿Por qué se dice «zapatero a tus zapatos»?
f) ¿Podría poner un ejemplo de la «cuenta de la vieja»?

9. **Lea atentamente estos anuncios y elija uno de ellos. Explique sus razones: condiciones económicas, características del trabajo, su preparación y experiencia, etc.**

AGENCIA DE PUBLICIDAD
necesita
SECRETARIA

Se requiere: Experiencia previa. Inglés hablado y escrito. Se valorarán conocimientos de italiano. Trabajo en Madrid (centro).

Interesadas, enviar *CV* al apartado de Correos 305 de Barcelona. Ref. *SM.*

EMPRESA PROMOTORA
necesita
CONTABLE

Experiencia mínima 3 años, preferiblemente en el sector. Edad máxima, 30 años. Sueldo a convenir. Trabajo en Madrid.

Enviar *curriculum vitae* al apartado de Correos 414. 28080 Madrid.

VENDEDORES
de cosmética-perfumería

Se requiere:
- Persona joven y dinámica.
- Don de gentes, conocedor del mercado.
- Buena presencia.
- Vehículo propio (no imprescindible).
- Dedicación exclusiva.

Se ofrece:
- Contrato laboral.
- Sueldo fijo y comisiones.
- Integración en equipo estable.

Interesados, escribir adjuntando fotografía reciente, referencia y teléfono de contacto a Distribuciones, S. A. Calle de Canarias, 35. 28045 Madrid.

CENTRO MÉDICO ESTÉTICO
precisa personal médico DOCTOR/A

Para integración jornada completa en su plantilla. Se valorarán los conocimientos en dermatología.
Interesados, concertar hora de entrevista: preguntar por Sicóloga Sra. Palacios. Llamar de 9 a 11 horas al teléfono 350 28 90.

10. **Escriba su curriculum vitae.**

Datos personales ....

Estudios ....

Formación ....

Experiencia ....

Otros datos ....

....

11. **Escriba una carta solicitando el puesto de trabajo que ha elegido y adjuntando su curriculum vitae.**

12. **Ponga en el orden correcto las siguientes frases:**

a) mantener una entrevista
b) comprar el periódico todos los días
c) pedir aumento de sueldo
d) estar en el paro
e) ir a la oficina de empleo una vez al mes
f) solicitar el trabajo
g) conseguir el empleo
h) cambiar de empresa
i) leer las ofertas de trabajo
j) escribir C.V. y carta de solicitud

IV El paisaje. La fauna

1. **Lea las posibles características de los paisajes y, a continuación, cierre los ojos y diga cómo y de qué color se imagina los siguientes paisajes:**

rojizo	prado gallego	llano
azulado	archipiélago escandinavo	montañoso
verde	lago suizo	frío
gris	selva amazónica	cálido
plateado	desierto egipcio	ondulado
dorado	páramo castellano	liso
negruzco	región toscana	arenoso
	río alemán	polvoriento
	isla británica	
	carretera francesa	
	playa portuguesa	

2. **Indique los paisajes en los que ha podido intervenir la mano del hombre:**

colina • valle • camino • glaciar • autopista • cala • cabo • puerto •

faro • duna • hielo • sierra • acantilado • carretera • terreno •

selva • playa • ría • monte • lago

3. **Búsquele pareja a estos animales:**

oveja	ballena ....
pavo	tigre ....
hormiga	elefante ....
león	toro ....
mono	perro ....

4. **Indique cómo se trasladan estos animales.**

	Camina	Repta	Salta	Nada	Vuela
burro					
águila					
conejo					
mono					
canario					
foca					
mariposa					
gusano					
culebra					
delfín					

5. **Para pasar este río, puede utilizar las piedras que le hemos puesto, pero tendrá que ir dando la definición de cada una de ellas si no quiere caerse en medio del río.**

páramo

archipiélago

bajamar

acantilado

espuma

guijarro

cala

oleaje

langosta

mosquito

6. **¿Verdadero o falso?**

	V	F
a) los patos aúllan		
b) las ovejas balan		
c) las vacas mugen		
d) los elefantes trinan		
e) las gallinas empollan		
f) los pájaros revolotean		

7. **Ponga en forma correcta los verbos que están entre paréntesis.**

a) ¿Qué ocurrirá si el hielo *(cubrir)* .... el continente?
b) El prado *(lindar)* .... con un polvoriento camino.
c) Id a *(bañarse)* ....
d) Si *(pescar)* .... un pez espada, lo haremos escabechado.
e) Si te *(picar)* .... los mosquitos, date esta crema.
f) Si os *(asomarse)* .... al acantilado, tened cuidado.

8. **Complete estas frases con expresiones de los apartados 4.3.1 y 4.5.1.**

a) Mi jefa grita mucho pero ya sabes ....
b) Nos van a cerrar, hijo, ...
c) Cuando hablas con ellos hay que tener cuidado porque ....
d) Mañana mismo resuelvo esto. En estos casos hay que ....
e) Me parece que .... No vuelvo a comprar nada allí.

9. **Forme frases con estos verbos y las distintas preposiciones.**

a) admirar a / en / con / por
b) asomarse a / por
c) bañarse en
d) desembocar en / por
e) pescar en / para

10. **Elija uno de estos dos temas para redactar un texto de 250/300 palabras.**

a) Describa el paisaje que más le haya impresionado.
b) Explique el itinerario turístico que aconsejaría a un turista que está por primera vez en su país.

11. **Diseñe su propio símbolo para indicar:**

a) carretera con hielo
b) prohibido pescar
c) parque zoológico
d) valle pintoresco
e) playa a 500 metros
f) ¡Tiburón a la vista!

12. **En esta sopa de letras encontrará diez adjetivos relacionados con animales. Después de descubrirlos, señale los animales que los representan.**

M	D	H	G	E	E	P	A	O	O	L	K	M	W
A	A	M	O	O	E	T	Z	V	Ñ	L	X	K	J
W	Ñ	E	M	L	C	I	I	N	A	R	B	R	E
L	I	U	U	D	X	S	Ñ	S	U	R	H	A	E
Q	N	D	V	I	N	Z	N	Y	A	A	Q	P	V
T	O	O	J	E	F	E	R	O	Z	L	E	T	H
P	M	X	F	R	A	R	S	T	B	O	A	A	T
P	O	O	S	O	A	O	B	S	D	L	U	O	Y
Q	N	U	M	A	N	S	O	E	O	O	E	R	B
I	R	Z	G	E	Z	I	B	N	K	O	W	R	S
A	A	E	N	I	X	J	C	T	Y	C	A	R	R
C	L	E	K	L	A	Ñ	L	R	D	V	W	I	P
A	V	G	U	S	X	I	A	R	O	L	M	O	O
C	Ñ	R	E	P	T	A	D	O	R	P	D	S	Z

V Condiciones atmosféricas

1. **Señale la estación del año con la que asocia estos términos.**

	Primavera	*Verano*	*Otoño*	*Invierno*
tempestad				
lluvia				
nieve				
niebla				
sol				
viento				
humedad				
tormenta				
rayos y truenos				
templado				

2. **Señale las expresiones, según lo que marca el termómetro.**

Hace fresco/fresquito ....
Estamos bajo cero ....
Hace calor ....
Hace frío ....
Es muy agradable ....
Hace mucho frío ....
Está helando ....
Hace mucho calor ....
Nieva ....

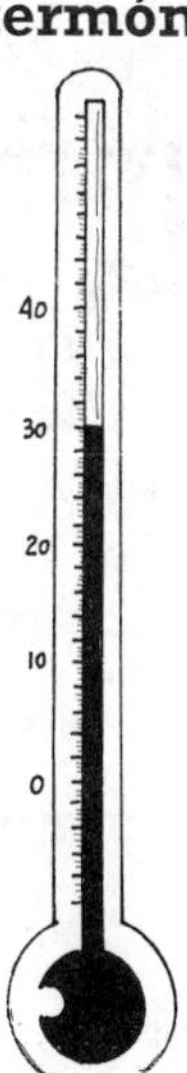

3. **Escriba estas horas de dos maneras.**

a) 13,45 ....
b) 12,05 ....
c) 22,20 ....
d) 03,40 ....
e) 10,32 ....

4. Forme frases con elementos de cada una de las columnas.

En verano	siempre	desayunar	con mi familia.
Por las mañanas	nunca	nadar	en coche.
Los fines de semana	algunas veces	fumar	sin prisas.
A las 10 de la mañana	jamás	trabajar	en tren.
Después de comer	generalmente	ir a la playa	con los amigos.
De noche	casi nunca	tomar café	solo.
A las 7 en punto	muy pocas veces	jugar al tenis	tranquilamente.
	con frecuencia	bailar	en la cafetería.
		oír música	por el jardín.
		hacer yoga	
		telefonear	

5. ¿A cuántos estamos / estábamos / estaremos?

a) 15/8/1992 ....
b) 01/5/1815 ....
c) 31/12/2001 ....
d) 28/2/1515 ....
e) 12/10/1492 ....
f) 05/1/1999 ....

6. En qué día de la semana cae...?

a) el 28 de noviembre
b) el 8 y el 15 de agosto
c) el 4 de diciembre
d) el 13 de agosto,
el 29 de noviembre y el 10 de diciembre
e) el 25 de diciembre

AGOSTO					
Lu		7	14	21	28
Ma	1	8	15	22	29
Mi	2	9	16	23	30
Ju	3	10	17	24	31
Vi	4	11	18	25	
Sá	5	12	19	26	
Do	**6**	**13**	**20**	**27**	

NOVIEMBRE					
Lu		6	13	20	27
Ma		7	14	21	28
Mi	1	8	15	22	29
Ju	2	9	16	23	30
Vi	3	10	17	24	
Sá	4	11	18	25	
Do	**5**	**12**	**19**	**26**	

DICIEMBRE					
Lu		4	11	18	25
Ma		5	12	19	26
Mi		6	13	20	27
Ju		7	14	21	28
Vi	1	8	15	22	29
Sá	2	9	16	23	30
Do	**3**	**10**	**17**	**24**	**31**

7. Relacione estos términos con un adjetivo.

rosa ....
azucena ....
azahar ....
jazmín ....
tomillo ....
hierbabuena ....
hortensia ....

oloroso
ornamental
agradable
fresco
duradero
primaveral
silvestre

8. Elija la expresión correcta para completar estas frases.

a) Cuando .... calor, es conveniente beber.
1) haga
2) hace
3) haría
4) hay

b) Va a haber tormenta. No .... de excursión.
1) vete
2) vayas
3) ir
4) está

c) Te gustará, si tienes suerte y el tiempo .... despejado.
1) esté
2) estuviese
3) estaría
4) está

d) Dicen que un trébol de cuatro hojas .... buena suerte.
1) da
2) dé
3) dio
4) ha dado

e) Cuando llegamos, estaba ....
1) teniendo truenos
2) tronado
3) tronando
4) acabado de tronar

9. Complete las expresiones de la columna Ⓐ con la columna Ⓑ.

A		B	
a)	tener más años	1)	de bienes
b)	más vale tarde que	2)	espinas
c)	estar calado hasta	3)	una sopa
d)	año de nieves, año	4)	de Maricastaña
e)	en tiempos	5)	oro
f)	la flor y nata de	6)	la sociedad
g)	estar hecho	7)	los huesos
h)	el tiempo es	8)	que Matusalén
i)	no hay rosa sin	9)	nunca

10. **Formule preguntas sobre el siguiente pronóstico del tiempo:**

Despejado

Nubes y claros

Cubierto

LLuvia

Chubascos

Llovizna

Tormenta

Heladas

Niebla

Nieve

Viento

Marejada

¿Qué tiempo hace en...?

¿Dónde llueve?

¿Qué temperatura tienen en...?

ESPAÑA		MÁX.	MÍN.			MÁX.	MÍN.
Albacete	D	30	15	Madrid	D	34	17
Alicante	D	31	22	Mahón	D	30	17
Almería	D	31	18	Málaga	D	31	18
Ávila	D	26	13	Melilla	D	31	21
Badajoz	D	36	16	Murcia	D	34	20
Barcelona	D	28	18	Orense	D	29	15
Bilbao	D	27	17	Oviedo	D	26	16
Burgos	D	27	11	Palencia	D	29	14
Cáceres	D	34	18	Palma	D	30	18
Cádiz	D	30	21	Palmas, Las	D	27	23
Castellón	D	30	18	Pamplona	D	26	13
Ceuta	D	28	21	Pontevedra	D	27	15
Ciudad Real	D	30	15	Salamanca	D	29	14
Córdoba	D	35	16	San Sebastián	D	21	17
Coruña, La	D	24	16	S. C. Tenerife	D	27	23
Cuenca	D	28	14	Santander	D	25	17
Gerona	D	27	14	Santiago de C.	D	25	16
Gijón	D	24	16	Segovia	D	27	14
Granada	D	31	15	Sevilla	D	36	19
Guadalajara	D	31	15	Soria	D	35	11
Huelva	D	34	18	Tarragona	D	30	19
Huesca	D	26	16	Teruel	D	27	13
Ibiza	D	30	21	Toledo	D	34	16
Jaén	D	32	20	Valencia	D	30	20
Lanzarote	D	26	21	Valladolid	D	28	13
León	D	28	12	Vigo	D	26	18
Lérida	D	27	16	Vitoria	D	21	12
Logroño	D	28	13	Zamora	D	28	14
Lugo	D	25	14	Zaragoza	D	29	17

EXTRANJERO		MÁX.	MÍN.			MÁX.	MÍN.
Amsterdam	D	25	16	México *	Q	24	12
Atenas	D	33	21	Miami *	Q	31	25
Berlín	D	23	7	Moscú	D	18	12
Bruselas	D	24	8	Nueva York *	Q	26	14
Buenos Aires *	Q	16	9	Oslo	P	16	11
Cairo, El	D	35	21	París	D	25	10
Estocolmo	P	14	3	Rabat	Q	32	20
Francfort	D	18	7	R. de Janeiro *	D	29	13
Ginebra	D	25	13	Roma	D	34	18
Lisboa	D	29	19	Tokio *	Q	29	21
Londres	D	24	14	Viena	Q	26	16

A, agradable / **C,** mucho calor, / **c,** calor / **D,** despejado / **F,** mucho frío / **f,** frío / **H,** heladas / **N,** nevadas / **P,** lluvioso / **Q,** cubierto / **S,** tormentas / **T,** templado / **V,** vientos fuertes.
* Datos del día anterior.

VI Entretenimientos. Aficiones

1. **Complete este gráfico, añadiendo todos los términos que recuerde.**

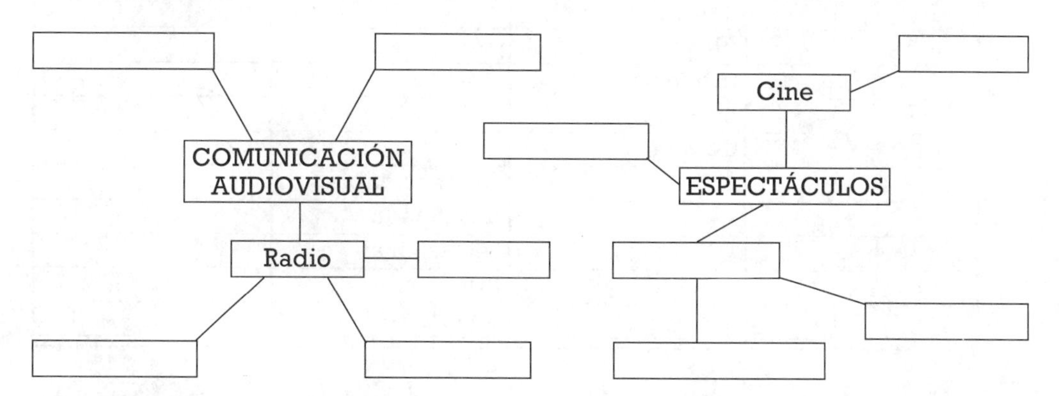

2. **Explique el significado o función de los siguientes términos, de forma que no sea preciso decir la palabra para que le comprendan.**

noticia ....
tocadiscos ....
altavoz ....
taquilla ....
entrada ....
cine mudo ....
locutor ....
acomodador ....
taquillero ....
tenor ....
director de orquesta ....
coro ....
apagar ....
emitir ....
aplaudir ....
estrenar ....
rodar ....
tocar ....

3. Complete este cuadro.

Sustantivo	*Verbo*	*Adjetivo*	*Adverbio*
tragedia			
doblaje			
acto			
programa			
emisión			
	radiar		
	patear		
	filmar		
	proyectar		
	conectar		
	debutar		
		recomendable	
		desafinado	
		sensacional	
		lírico	
		divertido	

4. Escriba palabras de la misma raíz, utilizando prefijos y sufijos:

decorar .... recomendar ....
acomodar .... patear ....
dialogar .... tocar ....
estrenar .... sonar ....
presentar .... entonar ....

5. Complete las frases siguientes con un verbo:

a) Me duele mucho la cabeza ¿Quieres .... el televisor?
b) ¿Cuántas entradas quieres que .... por fin?
c) El tenor .... un poco en el primer acto, ¿no?
d) No me pierdo ningún estreno. ¡Me .... el teatro!
e) Creo que esta película está .... en Almería.
f) Fue un éxito total. La gente .... durante un cuarto de hora.

6. Elija la forma correcta.

1) por que
2) por qué
3) por
4) porque la

a) No pudieron ir al teatro .... falta de tiempo.

b) A mis tías .... el último concierto de Plácido Domingo.

1) le ha gustado
2) les ha gustado
3) ha gustado
4) le han gustado

c) La semana pasada .... su película en la Gran Vía.

1) abrió
2) inauguró
3) retransmitió
4) estrenó

d) Si quieres ir a la ópera, tienes que sacar .... con antelación.

1) las entradas
2) abonos
3) las reservas
4) las invitaciones

e) Voy a .... el televisor para .... las noticias.

1) tocar
2) ajustar
3) encender
4) coger

1) televisar
2) emitir
3) ver
4) sintonizar

7. Escriba estas frases en el orden correcto:

a) terror / qué / de / ponen / película / cine / en / hoy / de / el / festival
b) mí / expresivo / es / para / violín / el / el / más / instrumento
c) auditorio / ayer / el / abarrotado / estaba
d) cine / a / gusta / mis / no / hijos / mudo / el / les
e) el / no / quién / era / recuerdo / protagonista

8. Complete las frases siguientes con la preposición correcta:

a) Escucha este disco .... Mecano.
b) Se ha estrenado Luces de Bohemia .... Valle Inclán .... Barcelona.
c) Van .... retransmitir el partido .... el canal Z.
d) Los actores saludaron .... el público .... el escenario.
e) Déjame el periódico .... ver la programación .... esta noche.

9. Cambie las frases del ejercicio anterior a estilo indirecto.

10. **Escriba una conversación telefónica con un amigo para quedar para ir a un espectáculo.**

Recuerde: intercambiar saludos • proponer espectáculos • comentar acerca de gustos e intereses • fijar la hora y lugar para encontrarse • despedirse

11. **Califique los siguientes entretenimientos de acuerdo con sus gustos:**

	Sensacional	*Demasiado ruidoso*	*Recomendable*	*Trágico*	*Cómico*	*Divertido*
Concierto de Plácido Domingo						
Concierto de rock						
Una película de amor						
Los dibujos animados						
Colección de poemas						
Programa sobre las maravillas de la naturaleza ...						
Una película de James Bond						
Visita al circo						
Teatro clásico						
Retransmisión de los Juegos Olímpicos						

12. **Formule varias preguntas sobre esta programación:**

Antena 3

7.00 La llamada del Oeste.
7.30 Aula 3.
8.00 Noticias de la economía.
8.15 La guardería. Programa infantil.
9.30 Noticias.
9.33 Tan contentos. *Magazine.*
13.00 Noticias.
13.03 Bonanza. Teleserie.
14.00 Noticias.
14.03 Embrujada. Teleserie.
14.30 Un hombre de familia. Teleserie.
15.00 Noticias.
15.30 Telecine. *Navarro: locuras de un policía.*
17.15 Teletienda.
17.30 La merienda. Infantil.
19.00 Noticias.
19.03 El oro y el barro.
20.00 Chicas con clase.
20.30 La ruleta de la fortuna.
21.00 Noticias.
21.30 El Equipo A. Teleserie.
22.30 Cinturón negro. *La dominación.*
0.30 Noticias.
0.45 Lou Grant. Teleserie.
1.30 Hospital general.
2.15 Pasarela. Telenovela.

Canal 33

17.00 Carta d'ajust.
17.15 Granduï's, ara pot. Curso de educación para adultos.
17.45 Mediterrània. Documental.
18.10 Víctor. Curso de idiomas.
18.25 Star Trek. Serie.
19.20 Cliptoman. Musical dedicado a los vídeos.
19.25 Basquetmania. Informativo sobre baloncesto.
19.55 Tot l'esport. Deportivo.
20.25 Sputnik TV. Musical.
20.55 Gent del barri. Serie.
21.25 Mil paraules. Programa literario.
21.30 Les noticies amb Josep Cuní.
22.00 El temps. Meteorológico.
22.05 Diners. Informativo económico.
22.15 Versió directa. Programa de debate.
23.10 Segle XX. Serie histórica
0.10 Jazz & Co. Musical.

ETB-2

13.08 Presentación.
13.10 Palabra de ley.
13.40 Gol a gol. Programa deportivo presentado y dirigido por Agustín Benito.
14.15 Menú del día. Nuevas recetas de Pedro Subijana.
14.30 Teleberri. Informativo.
15.00 Al hilo de la noticia.
15.15 Doctor Livingstone, supongo.
16.15 Musika eta irudiak.
16.30 Fin de emisión.
18.28 Presentación.
18.30 Fabiola. Telenovela.
19.20 Dallas. Teleserie.
20.15 Menú del día.
20.30 Vecinos. Teleserie.
21.00 Teleberri. Informativo.
21.30 Reporteros. Programa informativo que incluirá reportajes sobre la actualidad en el País Vasco.
22.05 Tribuna gol.
23.05 ¿Ha llamado el señor? Telecomedia.
23.55 Últimas noticias.
24.00 Al hilo de la noticia. Suplemento informativo.
0.15 Fin de emisión.

TVG

11.00 Apertura de emisión.
11.02 Debuxos animados. *Os pitufos.*
11.30 Academia espacial.
12.00 Adianto informativo.
12.05 Os viaxeiros da luz. Documental.
12.30 Lembranza. Musical.
13.30 Telenovela. *Simplemente María.*
14.20 Tempo e agro.
14.30 Telexornal 1.
15.00 Telenovela. *Andrea Celeste.*
15.50 Debuxos animados. *As tartarugas mutandes.*
16.15 Cine de tarde. *O desertor.*
17.55 Documental. *Perfis da natureza.*
18.40 Riviera. Telenovela.
19.10 Robin Hood. Dibujos.
19.40 Rambo. Dibujos.
20.10 Paraíso. Telenovela.
21.00 Granxeiro último modelo. Telecomedia.
21.30 Telexornal 2.
22.00 Mar a mar.
23.30 Dallas. Teleserie.
0.20 Telexornal 3.
0.50 Cousas da lingua.
1.20 Peche.

VII Actividades artísticas. La prensa

1. Elija la definición más adecuada.

Acuarela
a) paisaje marino
b) pintura con colores diluida en agua
c) famosa pintura italiana

Retrato
a) pintura que representa alguna persona
b) acuerdo doble
c) retirada del ejército

Paleta
a) prenda de vestir masculina
b) mujer de pueblo
c) tabla pequeña donde el pintor ordena los colores

Pintoresco
a) típico de pintor
b) mal pintado
c) peculiar o con cualidades pictóricas

Esbozar
a) pintar sin definir contornos
b) tapar la boca de un animal
c) hablar en voz alta

Bodegón
a) cuadro que representa comestibles y utensilios
b) almacén grande de vinos
c) paisaje de las bodegas de La Rioja

2. Estudie estas palabras durante dos minutos y, a continuación, escriba todas las que recuerde.

ampliación • cámara • carrete • clisé • copia • diafragma • fotografía • fotógrafo • máquina • negativo • objetivo • rollo • revelado • teleobjetivo

3. **Explique la diferencia entre:**

   a) copiar/imitar ....
   b) natural/original ....
   c) fotografía revelada/velada ....
   d) modelar/forjar ....
   e) edificar/levantar ....
   f) criticado/reseñado ....

4. **Si quiere ser un buen periodista, localice los errores de este texto:**

«En coincidencia con el celebración, en 1993, del siglo Jacobeo, celebración al que según se espera acudieron siete peregrinos millones, ese año se reunían en San Santiago de Compostela las Academias de Bellas Artes de los condados del Consejo de Europa por celebrar algún congreso.»

5. **En primer lugar, separe las frases, luego las palabras y, por último, las sílabas.**

unescritorportuguéspropusolacreacióndeunaEuropadelasculturasynoladelos estadosmásdeseismilextranjeroshanvisitadolaexposiciónquerecogeunaamplia muestradeesculturagallega.

6. **Sustituya la palabra *cosa* por el término correcto.**

   a) En esta plaza se levantó una *cosa* a la memoria del soldado desconocido.
   b) ¿Me podría hacer una *cosa* de esta fotografía?
   c) En Nueva York se encuentran las *cosas* más altas del mundo.
   d) Baja a la *cosa* de la esquina y cómprame el periódico.
   e) Es una iglesia gótica. Mira las *cosas*.
   f) No han publicado todavía la *cosa* que me hicieron la semana pasada.

7. **Trate de desarrollar cada una de estas noticias, a partir de los titulares.**

Habla, mudita

'Dinero verde' en Japón

París-Texas

Experimento en la granja

8. Éstas son las respuestas de un artista muy conocido. Escriba las preguntas:

— Sí, creo que sí. Mi próxima exposición se celebrará en Madrid.
— Estoy francamente satisfecho. Esta exposición ha sido un éxito.
— La fecha que me han propuesto es para otoño.
— El lugar lo decidirán los organizadores.
— Me encantaría que fuese en el Palacio de Villahermosa, claro.
— Ahora, perdóneme. Me están esperando. Muchas gracias.

9. Lea cuidadosamente esta noticia y tome nota de estos datos.

¿Quién?

¿Cómo?

¿Para qué?

¿Qué?

¿Dónde?

¿Por qué?

«A las ocho y media de la tarde Su Alteza Real llegó a la sede del Ayuntamiento de Ciudadela, capital de Menorca hasta la dominación inglesa. Una vez que los representantes municipales saludaron al Conde de Barcelona, en el salón gótico del singular edificio, construido sobre un alcázar del siglo XVI, el alcalde de la población comenzó su breve discurso. A continuación, se hizo entrega al Conde de Barcelona de un pergamino diseñado por el artista local Rafael Jofre y de la reproducción del obelisco, como símbolo de la ciudad, en recuerdo de la defensa de la ciudad ante la invasión turca de 1558.»

10. Repase todo el vocabulario de esta sección y trate de completar esta pirámide.

1. Primera letra del alfabeto.
2. Relacionado con publicaciones infantiles.
3. Casi todos los cuadros lo tienen.
4. Establecimiento donde se adquieren publicaciones.
5. Es cómodo para pintar.
6. Símbolos de Nueva York.
7. Lugar donde la gente practica deportes.

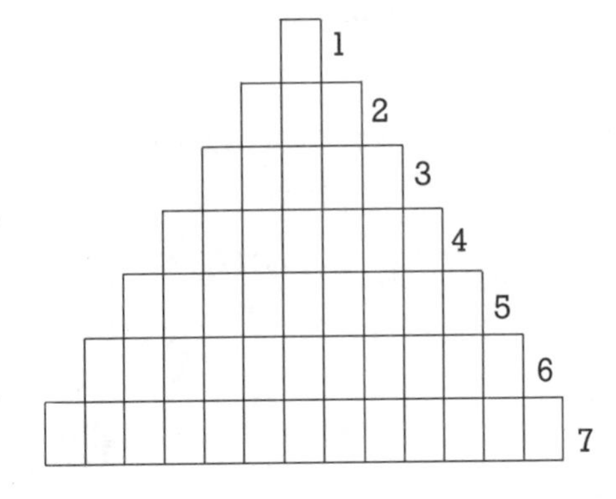

VIII Aficiones: deportes y toros

1. **¿Qué deportes representan?**

2. **Indique cuáles son los deportes que se practican con:**

los pies: ....
las manos: ....
la cabeza: ....
todo el cuerpo: ....
individualmente: ....
por parejas: ....
en grupos/equipos: ....

3. **Elimine el término que no pertenece al grupo:**

a) estadio/mochila/marcador/césped
b) volante/pelotón/rueda/bicicleta
c) esquiar/escalar/ascender/nadar
d) fútbol/hípica/boxeo/guante
e) podio/triunfo/esgrima/medalla

4. Clasifique los términos siguientes:

	Persona	*Objeto*	*Lugar*	*Deporte*
alpinismo				
cronómetro				
campeón				
árbitro				
medalla				
albergue				
ciclismo				
mochila				
cancha				

5. Corrija los errores:

a) El esquí es un juego muy popular que se debe practicar en equipo.
b) Todos los futbolistas van equipados con mochilas.
c) Cuando termina la liga, los árbitros reciben una medalla.
d) El récord es una prenda deportiva muy cómoda.
e) El submarinismo se debe practicar en ríos de poca profundidad.

6. Conteste a estas preguntas:

a) ¿Cuál es su deporte favorito? ....
b) ¿Con qué frecuencia lo practica? ....
c) ¿Le gustaría probar otros deportes? ....
d) ¿Qué opina de las competiciones? ....
e) ¿Ha participado en alguna? ¿Por qué? ¿Por qué no? ....
f) ¿Consiguió alguna medalla? ....

7. Compruebe con un diccionario las diferencias entre:

a) recoger/devolver
b) ascender/escalar
c) batir/vencer
d) ejercitarse/entrenarse
e) organizar/sortear
f) golear/encestar

8. **Elija la expresión correcta.**

a) El equipo jugó mal y quedó ....
1. sorteado
2. goleado
3. cansado
4. descalificado

b) La .... fue dura y tuvimos que descansar varias veces.
1. carrera
2. mochila
3. escalada
4. organización

c) Si queréis ganar .... que entrenar más.
1. tendrán
2. deberéis
3. tendréis
4. tendremos de

d) Los Juegos Olímpicos .... cada cuatro años.
1. iban a celebrar
2. celebran
3. deberán celebrar
4. se celebran

e) Si .... buen tiempo, iríamos de excursión.
1. hizo
2. hubiera hecho
3. hiciera
4. habría hecho

9. **Complete el siguiente texto:**

Martín Zubero logra la .... de plata en los 100 mariposa. En los .... había demostrado encontrarse en plena forma y su .... confía en que consiga subir cuatro veces al .... Su actual .... se sitúa en 54,17.

La .... de Roland Garros, Mónica Seles, volvió a .... con un .... frente a Nicole Arendt.

El próximo domingo se .... en el .... de La Zarzuela la prueba más importante de la temporada. Quince potros y potrancas han quedado .... en busca de los cinco millones de .... para el .... Esta .... puede ser la gran oportunidad para *Ocho,* .... por Marcos.

10. ¿Recuerda los nombres de famosos...?

nadadores • tenistas • futbolistas • esquiadores • pilotos de carreras • ciclistas • jugadores de rugby • boxeadores

Si es así, elija a uno de ellos y prepare una entrevista para una publicación deportiva.

11. Elija uno de estos dos temas para escribir una redacción de 250/300 palabras:

a) Historia de los Juegos Olímpicos.
b) Ventajas y desventajas de practicar deportes.

12. Compruebe cómo memoriza mejor las palabras:

a) Elija diez palabras.
b) Escriba cada una de ellas diez veces.
c) Escríbalas o dígalas en voz alta.
d) ¿Ha recordado todas?
e) Elija otras diez palabras.
f) Repítalas en voz alta.
g) Deje pasar cinco minutos.
h) ¿Las recuerda todas?
i) Elija otras diez palabras.
j) Grábelas y escúchelas. Deje pasar cinco minutos.
k) Escríbalas. ¿Las recuerda todas?
l) Elija otras diez palabras.
m) Asócielas en una historia o con un dibujo.
n) ¿Cómo las recuerda mejor?

IX Los viajes. El alojamiento. El transporte

1. **Estudie los términos de la sección 9.1 y señale aquellos que se parecen a otras palabras de su propio idioma. A continuación, compruebe el significado de esos términos. Por último, anote las diferencias existentes.**

Término en español	*Significado*	*Término en mi idioma*	*Significado*

2. **Anote todas las partes de un coche e indíquelas en el dibujo:**

3. **Diseñe su propio barco, con ayuda de este vocabulario:**

1.° el casco
2.° la cubierta
3.° la popa
4.° la proa
5.° la borda
6.° el puente
7.° el timón
8.° las velas

4. En la recepción de un hotel: Complete este diálogo con las frases de la derecha.

Hotel: Buenos días.
Cliente: ....
Hotel: ¿Qué desea?
Cliente: ....
Hotel: Muy bien. ¿Tiene el bono?
Cliente: ....
Hotel: Muy bien, señor Thompson.
¿Me permite su pasaporte?
Cliente: ....
Hotel: Muchas gracias. Habitación 808.
Aquí tiene la llave.
Cliente: ....
Hotel: Planta octava. A su derecha está el ascensor.
¿Me rellena esta ficha, por favor?
Cliente: Muchas gracias.

Tengo una habitación reservada.

Me llamo Charles Thompson.

¿El pasaporte? ¡Ah! Sí...

Hola. Buenos días.

Un momento. Aquí está.

¿En qué piso está?

5. Rellene la ficha del hotel:

Nombre ....
Apellidos ....
Dirección .... Número de teléfono ....
Nacionalidad ....

Fecha de llegada .... Fecha de salida ....
Habitación individual ☐ Habitación doble ☐
Precio por noche .... Forma de pago: bono ☐
en metálico ☐
con cheque ☐
con tarjeta de crédito ☐

6. Usted quiere ir en tren a Santiago de Compostela. Escriba las preguntas que ha formulado en información:

Taquilla: Buenos días.
Usted: ....

Taquilla: ¿A Santiago? A las 13,30.
Usted: ....
Taquilla: Sí. Hay otro, por la noche. A las 11,15.
Usted: ....
Taquilla: El billete de ida cuesta 6.750.
Usted: ....
Taquilla: Los días azules tienen descuento.
Usted: ....
Taquilla: Aquí tiene la información.
Usted: ....
Taquilla: De nada. Adiós.

7. Establezca el orden correcto.

a) ¿Puerta ocho? Gracias.
b) ¿Me cobra, por favor? Están anunciando mi vuelo.
c) Buenas tardes. Al aeropuerto. Salidas internacionales.
d) ¿Podría enviarme un taxi para ir al aeropuerto?
e) ¿Puedo pagar en marcos alemanes? Muchas gracias.
f) Hola, buenas tardes. Para Munich, por favor. No fumadores.
g) ¿Dónde está la tienda libre de impuestos?

8. Elija la expresión correcta.

a) Han cancelado este vuelo ....
....

a) porque la huelga
b) debido a huelga
c) causado por la huelga
d) a causa de la huelga

b) Tendremos dificultades para despegar. ....

a) Está nublado
b) Hay mucha niebla
c) Densa es la niebla
d) Porque está despejado

c) No pude hacerles la reserva ....
.... el hotel estaba lleno.

a) ya que
b) por qué
c) debido que
d) a razón de que

d) Vete ya .... quieres perder el tren.

a) por si no
b) para que no
c) si no
d) aunque

e) Perdone, ¿está este asiento ....?

a) ocupado
b) frecuentado
c) privado
d) estrecho

9. **Explique las diferencias, de acuerdo con el contexto.**

a) ¿Dónde está información, por favor?
Esta información es muy completa.

b) Por allí es la salida.
El Talgo con destino a La Coruña efectuará su salida.

c) Merece la pena visitar el casco antiguo de la ciudad.
El barco tendrá problemas porque tiene el casco muy antiguo.

d) Las mercancías se encuentran ya en la Aduana.
Lo siento, pero tiene que pagar la aduana.

e) El guía dice que visitaremos el castillo luego.
En mi guía no viene ese castillo.

10. **Elija el adjetivo más conveniente.**

a) Vacaciones en un hotel de cinco estrellas de Tokio: ....
b) Folletos turísticos de una Oficina Nacional de Turismo: ....
c) Un grupo de niños de excursión: ....
d) El camarero de un restaurante de lujo: ....
e) El parque de una ciudad pequeña: ....
f) La avenida de una ciudad con siete millones de habitantes: ....
g) Día de huelga en el aeropuerto: ....

oficial
grande
barato
caro
gratis
ruidoso
frecuentado
silencioso
sucio
poblado

11. **Busque la expresión correspondiente a las frases siguientes:**

a) Gasta muchísimo y vive muy bien.
b) Es una persona muy inteligente y muy graciosa.
c) Ha adelgazado tanto que...
d) Creo que haremos el negocio... Mi cliente está convencido.

e) A veces tiene reacciones extrañas y hace cosas raras.

f) Es bastante difícil que me engañen.

12. **El próximo fin de semana van a llegar unos clientes y usted deberá enseñarles los monumentos y los sitios más interesantes de su ciudad. Prepare detalladamente el itinerario, con documentación, para no quedar mal. También puede grabar todo lo que piensa decirles.**

La salud. La enfermedad. La figura humana

1. **Escriba en trozos de papel los términos que le damos a continuación, póngalos en una bolsa y vaya extrayéndolos de uno en uno, pronunciando cada término en voz alta y señalando, al mismo tiempo, la parte del cuerpo a la que corresponde. También se puede hacer en grupos.**

pelo • cara • barbilla • oreja derecha • cejas • garganta • lengua • nariz • frente • pestaña • mejilla • ojo izquierdo • boca • labio superior • nuca • estómago • hombro • cadera • codo • dedo meñique • rodilla • pie

2. **Complete esta figura con todas las partes del cuerpo que recuerde. A continuación, en dos columnas, indique las partes externas y las internas.**

Internas	*Externas*

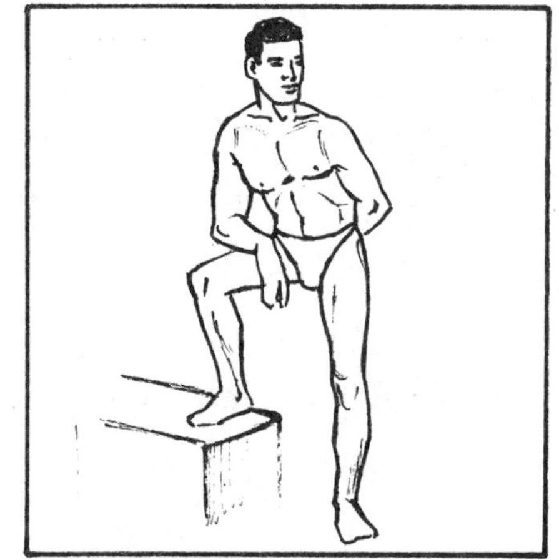

3. **Subraye las palabras que le recuerden otras de su idioma. ¿Significan lo mismo?**

salud • enfermedad • fiebre • resfriado • bronquitis • catarro • gripe • accidente • operación • farmacia • médico • medicina • hospital • clínica • dieta • termómetro • inyección • practicante

4. **Dé consejos para estos casos:**

a) Si está enfermo debe ....

b) Cuando se tiene fiebre hay que ....
....

c) Después de una operación tiene que ....
....

d) Si tuvieras dolor, ...

e) Si está débil, no se ....

agravar/se
cuidar/se
tose
vacunarte/se
ponerte/se el termómetro
tratarte/se
toser
llamarte/se al médico
inyectarse/inyéctate
mejorarse/te
fatigues/fatigarte/se

5. **Relacione los términos de la columna Ⓐ con los de la columna Ⓑ:**

A		B
a) jabón	1.	secarse
b) peine	2.	arreglarse
c) baño	3.	lavarse
d) tijeras	4.	afeitarse
e) toalla	5.	enjabonarse
f) maquinilla	6.	peinarse
g) esponja	7.	cortarse el pelo
h) dentífrico		
i) aseo		
j) cepillo		

6. **Busque los antónimos en un diccionario, indicando si son positivos o negativos.**

	Antónimos	+	–
empeorar			
grave			
saludable			
enfermar			
aseado			
guapo			
imberbe			
zurdo			
estar malo			
cuidar			

7. **Adivine:**

a) La gente que no puede oír, generalmente se fija en los .... de las personas.
b) Para mostrar sorpresa, levantamos ....
c) Para dormir, cerramos ....
d) Si hay mal olor, nos la tapamos: ....
e) Para mostrar enfado ....

8. **¿Podría descifrar estas palabras?**

a) qrnuoiibts ....
b) mfrrnaeeei ....
c) cunava ....
d) cotillass ....
e) eiiondgt ....

9. **Elija todo lo que se llevaría en un botiquín de viaje.**

esparadrapo • recetas • úlcera • vendas • termómetro • anestesia • médico • espuma • tijeras • cepillo • aspirinas • alcohol • jeringuilla • pastillas para la digestión

....
....
....
....
....
....
....

10. ¿En qué situaciones haría usted estos comentarios?

a) Llevo una temporada que no levanto cabeza.
b) Este hijo me está costando un ojo de la cara.
c) Se me están hinchando las narices.
d) Mi jefe tiene bien cubierto el riñón.
e) Hoy no doy pie con bola. Acabo de meter la pata con un cliente.

11. Trate de dar sentido a las expresiones mezcladas que hay en este recuadro.

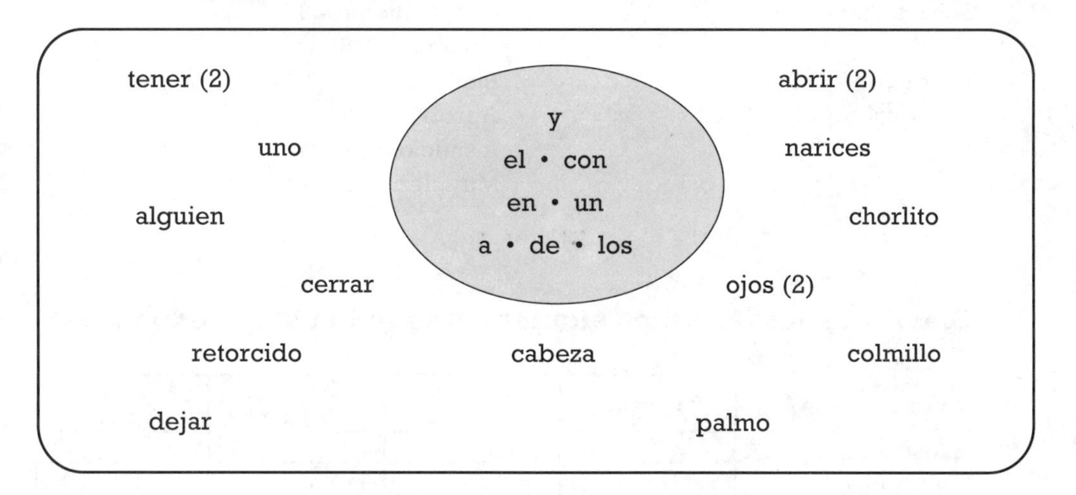

12. Relacione estos adjetivos con una parte del cuerpo.

pálido • bucal • ciego • tuerto • mudo • imberbe • pectoral • estomacal •

lumbar • gastro-intestinal • pulmonar

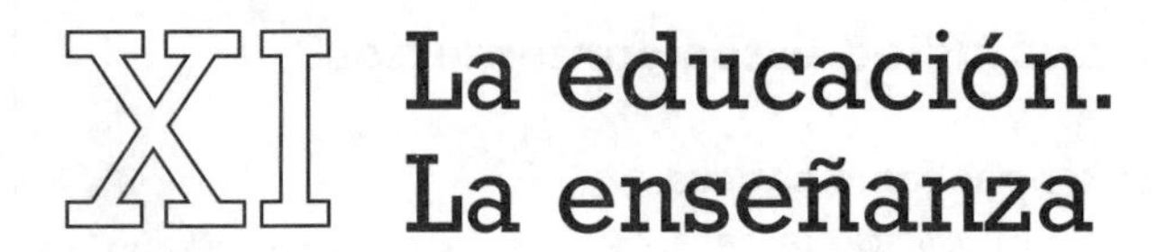

XI La educación. La enseñanza

1. ¿Cómo se expresan en su idioma las siguientes calificaciones escolares?

Matrícula de Honor - 10
Sobresaliente - 9/10
Notable - 7/8
Aprobado - 5/6
Suspenso - 0/1/2/3/4

Matrícula de Honor - 10
Sobresaliente - 9
Notable - 7/8
Bien - 6
Aprobado - 5
Insuficiente - 3/4
Muy deficiente - 0/1/2

2. Clasifique los términos siguientes según la etapa educativa:

	Preescolar	*Educación General Básica*	*Enseñanza Media*	*Enseñanza Superior*
Maestro				
Catedrático				
Instituto				
Escuela Politécnica.				
Alumno				
Facultad				
Guardería				
Párvulos				
Carrera				
Obligatoria				

3. Escriba estas frases en forma negativa.

a) Lee la lección en voz alta.
b) Apréndase los verbos irregulares de memoria.
c) Interrumpan al profesor para hacer preguntas.
d) ¡Habla, grita y tararea en clase!
e) Examínese usted la próxima semana.

4. Relacione la columna Ⓐ con Ⓑ y Ⓒ.

A	B	C
Los profesores	faltan	el examen.
La alumna	asisten	en la universidad.
El maestro	estudia	en la escuela.
Los alumnos	enseñan	en la facultad.
Los discípulos	enseña	el ejercicio.
Los compañeros	se matriculan	la lección.
El director	escriben	a clase.
Los alumnos aplicados	repasan	dictado.
	leen	a la conferencia.
	asiste	
	no suspenden	

5. Explique los términos siguientes, mediante:

a) título universitario ....
b) pizarra ....
c) párvulo ....
d) bolígrafo ....
e) expediente académico ....
f) beca ....
g) apuntes ....
h) folio ....

- sinónimo
- definición
- traducción
- ejemplo
- dibujo
- gesto

6. Escriba las preposiciones donde sean necesarias.

a) Salga ...... escribir el dictado ...... la pizarra.
b) Se veía el jardín .... el aula.
c) Un profesional ...... la enseñanza debe seguir estudiando.
d) Todos los alumnos asistieron ...... la conferencia ...... ayer ...... la tarde.
e) Tienes que prepararte bien .... las oposiciones.
f) Había muchas faltas ...... ortografía ...... tu examen.

7. Cambie los verbos en sustantivos para completar estas frases:

a) conversar: No entendí ni una palabra de la ....
b) contar: No me vengas con ....
c) gritar: De repente se oyó un ....

d) interrumpir: No permito las .... cuando estoy explicando.
e) redactar: Tu .... era preciosa y muy meditada.
f) responder: Cada pregunta tiene una única ....
g) equivocarse: Lo siento. Ha sido una ....

8. Explique las diferencias existentes entre las siguientes frases:

a) El curso comenzará en octubre.
Este billete es de curso legal.

b) Hoy es el último día de matrícula.
No recuerdo la matrícula de mi coche.

c) Aprobó las oposiciones hace dos semanas.
Los partidos conservadores están en la oposición.

d) Han construido muchas escuelas.
Ese cuadro pertenece a la escuela flamenca.

e) Me acabo de morder la lengua.
Creo que habla tres lenguas.

f) El profesor hablaba en tono tranquilo.
La moda de este año prefiere los tonos oscuros.

9. Rectifique, si es necesario.

a) Una persona deslenguada no tiene lengua.
b) Un charlatán es una persona cuya profesión es dar conferencias.
c) Cuando se dice que un profesor es un hueso es porque está muy delgado.
d) De las personas que balbucean se dice que hablan como cotorras.
e) A veces hay que tirar de la lengua a alguien para tener información.

10. Escriba la traducción de los siguientes verbos en varios idiomas, si quiere, y, a continuación, compruebe con un diccionario.

acertar • responder • redactar • olvidar • preguntar • aprobar • suspender • equivocarse • dudar • matricularse • comprender • asistir

11. **Defina las palabras de su cartón de bingo, por el orden que le damos.**

acta	beca	certificado	convocatoria
diploma	0	expediente	0
0	prueba	0	título

título ....
diploma ....
certificado ....
expediente ....
acta ....
beca ....
convocatoria ....
prueba ....

12. **Indique en qué países se habla el:**

Alemán ....
Árabe ....
Chino ....
Danés ....
Español ....
Francés ....
Hindi ....
Inglés ....
Italiano ....
Japonés ....
Ruso ....
Sueco ....
Portugués ....

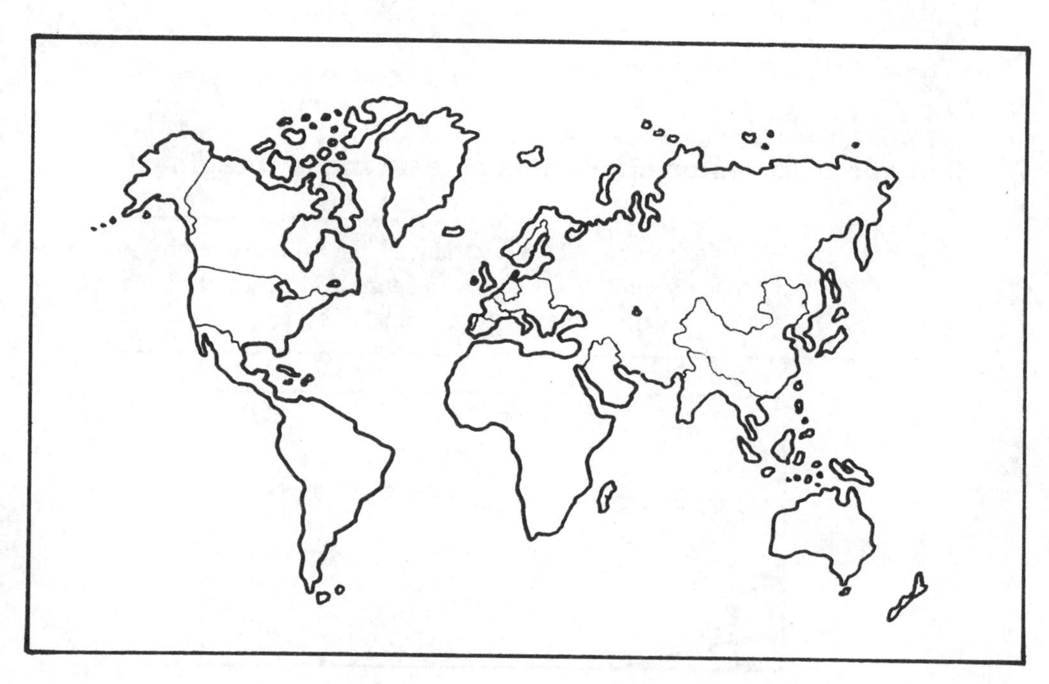

XII La alimentación. La comida. La bebida

1. **Complete el esquema siguiente con todos los términos que recuerde:**

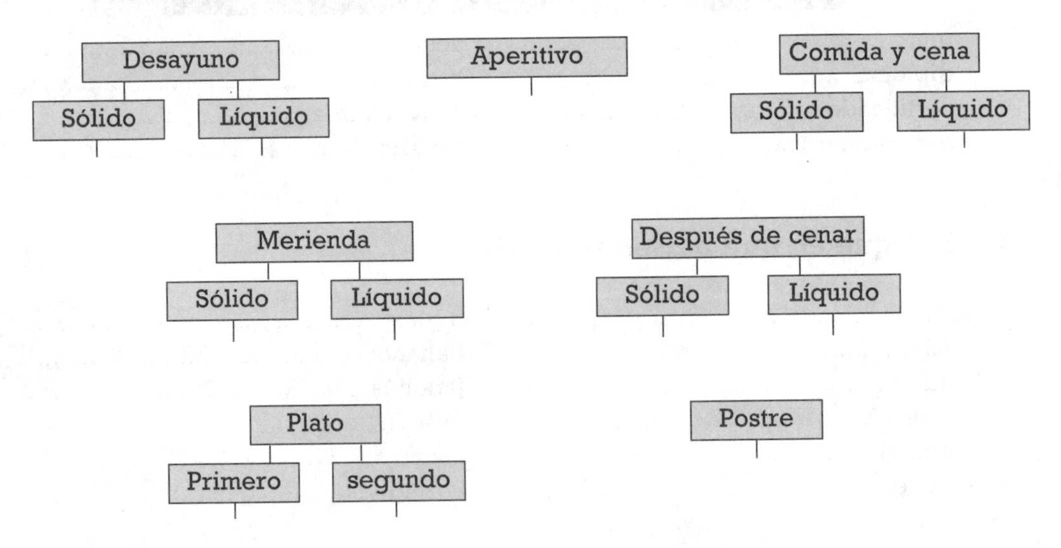

2. **Coloque todos estos elementos en esta mesa imaginaria.**

platos • pan • sal y pimienta • aceite y vinagre • servilleta • cuchara y cucharilla • tenedores y cuchillos • vasos (de vino, de agua, de cava y de licor) • mantel • plato del pan, etc.

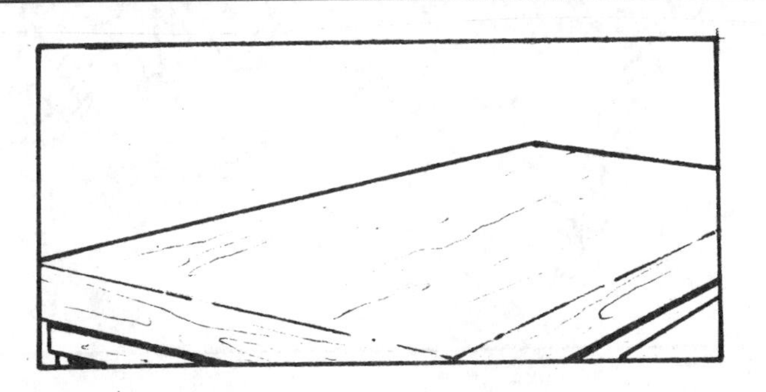

3. Resuma las frases siguientes con un adjetivo.

a) ¿Qué le has puesto a este pescado para que esté tan rico?: ....
b) Por favor, pásame la sal. Está: ....
c) El vino se acabó después del primer plato: ....
d) En cambio, sobró casi toda la comida: ....
e) La limonada y la horchata te quitan la sed: ....

4. Ponga en orden correcto estos comentarios:

a) Jaime lo cató
b) nos emborrachamos
c) pedimos unos refrescos
d) estaba muy frío
e) como teníamos sed
f) vaciamos la primera botella
g) pedimos la segunda y, claro...
h) decidimos entrar en un bar para beber
i) el camarero nos dijo que sólo tenía cava fresquito
j) brindamos una y otra vez hasta que...
k) el camarero nos escanció el cava y...

5. ¿Podría decir de qué se está hablando?

a) No te limpies con el mantel. Para eso tienes esto.
b) Es una tentación para las personas golosas.
c) Se echa a la ensalada, junto con la sal y el vinagre.
d) Si bebes mucho, al día siguiente tienes dolor de cabeza.
e) Es redonda y verde por fuera y roja por dentro.
f) No puedo tomarlo después de cenar si quiero dormir.

6. Termine estas frases:

a) Me gusta mucho comer ....
b) No me gusta nada el ....
c) Para desayunar prefiero ....
d) No suelo tomar aperitivos, en cambio ....
e) Después de comer ....
f) Detesto ....
g) A mi familia le encanta ....

7. Utilizando las expresiones de la sección 12.5, diga de otra manera:

a) Me gusta ir al restaurante para elegir lo que quiero comer.
b) Mi jefe está muy gordo.
c) Era impresionante ver cómo comía.
d) Al final yo creo que nos daban vino con agua.
e) Estoy muy satisfecho. Hemos comido muy bien.

8. Elija la expresión correcta:

a) De haber sabido que venías .... asado un cordero.
   a) había
   b) habría
   c) estaba

b) Dígame .... prefiere de desayuno.
   a) qué
   b) el qué
   c) cuál

c) El pescado estaba crudo. No lo .... bien.
   a) han frito
   b) freían
   c) habían frito

d) ¿A .... no le gusta la langosta?
   a) quienes
   b) cuales
   c) quién

e) .... usted mismo, por favor.
   a) sírvese
   b) sírvanse
   c) sírvase

9. Cada oveja con su pareja.

a) pasado	1) malo
b) soso	2) podrido
c) insípido	3) caliente
d) escaso	4) sabroso
e) excelente	5) salado
f) frío	6) abundante
g) fresco	7) en su punto

10. **Para postre, en esta sopa de letras encontrará 10 frutas.**

M	D	H	G	E	E	P	A	O	O	L	K	M	W
E	A	E	L	L	Ñ	Q	Y	T	S	S	W	Z	X
D	P	L	J	H	F	A	A	J	N	A	R	A	N
L	I	U	B	D	X	N	Ñ	R	U	M	H	A	E
F	N	D	V	A	A	Z	N	Y	E	A	Q	P	V
R	O	O	J	Z	R	E	R	L	Z	P	E	T	H
E	M	X	N	R	A	I	O	T	B	O	A	A	T
S	O	A	S	O	A	C	C	S	D	L	U	O	Y
A	M	U	M	A	O	S	N	O	L	E	M	R	B
V	R	Z	G	T	Z	I	B	N	Q	H	W	R	S
W	A	E	O	N	A	T	A	L	P	U	A	R	R
C	L	N	K	L	A	Ñ	L	R	D	V	E	I	P
A	V	G	U	S	S	A	N	D	I	A	M	O	O
C	Ñ	Ñ	M	J	A	A	R	H	F	S	D	S	Z

11. **Busque en un diccionario la traducción de los siguientes pescados y mariscos.**

lenguado • boquerón • rodaballo • langosta • ostra • mejillón • salmón • lucio • atún • merluza • sepia • percebes • cigala • calamar

12. **¿Recuerda alguna receta típica de su país? Escríbala siguiendo estas instrucciones:**

Ingredientes (número de personas).
Preparación previa de los ingredientes.
Forma de limpiar, cortar, guisar, etc.
Manera de presentar el plato en la mesa.
Sugerencias de bebidas para acompañarlo.

XIII El comercio. La industria. El vestido

1. **Lea cuidadosamente los términos correspondientes a la sección 13.1 y escriba, en una columna, las palabras que no conoce para tratar de adivinar el significado. En otra columna, escriba las que le recuerdan a una palabra de su idioma y anote el significado. En una tercera columna, escriba las palabras que ya conoce y su significado. A continuación, compruebe todo en el diccionario.**

No conozco	*Significado*	*Sí conozco*	*Significado*	*Me recuerdan a*

2. **Escriba todo lo que se puede encontrar en las distintas secciones de unos grandes almacenes. A continuación, grábelo imitando el altavoz de esos grandes almacenes.**

Planta baja: *Complementos de señora* ....

....

Complementos de caballero ....

....

Planta primera: *Caballeros* ....

....

Planta segunda: *Señoras* ....

....

Planta tercera: *Niños* ....

....

....

Sótano: ....

3. **Un amigo suyo acaba de llegar a la ciudad. Indíquele dónde puede comprar:**

— la lavadora y el lavavajillas ....
— herramientas y clavos ....
— tartas y pasteles ....
— ropa ....
— artículos de limpieza ....
— alimentos ....
— tabaco y sellos ....

4. **Complete el texto con los términos del recuadro.**

La actividad .... fue una profesión muy peligrosa hasta bien entrada la Edad Media, debido a las dificultades del .... y a la inseguridad de las vías de comunicación. Por ello, se prefería traficar con .... de gran valor y que pesasen poco: tejidos, especias y .... preciosos.

Las ciudades italianas de Génova y Venecia ejercieron un .... preponderante. Es en estas ciudades donde se desarrollaron las nuevas técnicas auxiliares del comercio: ...., las operaciones con .... y la .... El tráfico marítimo de los mares del Norte y Báltico estaba dominado por la Hansa, una .... de diversas ciudades de Alemania, para seguridad y .... de su comercio.

El descubrimiento de nuevas tierras alteró el aspecto de las relaciones .... y, a partir del siglo XV, el apogeo .... pasa a España y Portugal y, ..., a Holanda e Inglaterra.

- transporte
- la banca
- desarrollo
- mercancías
- mercantil
- comercio
- fomento
- metales
- comercial
- posteriormente
- 1.700.000
- internacionales
- contabilidad
- papel
- letras de cambio
- mayorista
- confederación
- minorista

En la actualidad, el .... ha adquirido un .... enorme en todos los países. En España, se calcula que el número de personas que tienen relación con tal actividad, ya sea como .... o como .... alcanza la cifra de ....

5. Explique las diferencias.

a) banco/banca ....

b) crédito/préstamo ....

c) cheque/talonario ....

d) cupón/acción ....

e) depósito/interés ....

6. Complete el cuadro siguiente:

Nombre	*Verbo*	*Adverbio*	*Adjetivo*
	subastar		
	producir		
	explotar		
	exportar		
	ahorrar		
	prestar		
	amortizar		
	pagar		

7. Elija la expresión correcta.

a) Hemos pintado la tienda .... verde.

a) como
b) de
c) con
d) a

b) ¿No crees que .... una rebaja?

a) deberíamos pedir
b) deberíais hacer
c) hagan
d) pidiéramos

c) Voy a la librería de enfrente. ....

a) Espérate allí
b) Espéralo allí
c) Espérame allí
d) Esperemos

d) Le concederán el préstamo .... informe es positivo.

a) en modo al
b) a condición del
c) en vistas al
d) si el

e) ¡No sabíamos .... rico que era!

a) qué
b) cuánto
c) cual
d) lo

8. Indique cuándo se usa:

	Verano	*Otoño*	*Invierno*	*Primavera*	*Todo el año*
abrigo					
gabardina					
pijama					
ropa interior ...					
medias					
guantes					
pañuelo					
gafas					
sandalias					
cinturón					

9. Escriba la idea contraria.

a) Es excesivamente caro ....
b) Se trata de un establecimiento acreditado ....
c) Me queda muy ajustado ....
d) Siempre va muy moderno ....
e) Parece valioso ....
f) ¡Vístase rápidamente! ....
g) Abróchense los cinturones ....
h) Al llegar a casa me descalzo ....
i) ¡Quítate la ropa y a dormir! ....
j) Te limpiaré los zapatos ....

10. Piense en una situación en la que le puedan decir a usted:

a) ¿Vas a ir a cuerpo?
b) ¡Te has puesto las botas!
c) Te aconsejo que no te metas en camisa de once varas.
d) Tus ideas están pasadas de moda.
e) En cambio, siempre vistes a la última.

11. **Desarrolle las siguientes abreviaturas comerciales:**

Cía.	P.N.B. ....
cta.	S.A. ....
c/c	S.L. ....
fra.	s.f. ....
I.V.A.	S.E.u.O. ....
n/L	S.R.C. ....
p/o	V.°B.° ....

12. **Escriba un diálogo con un empleado de un banco.**

a) Solicitando información para abrir una cuenta corriente.

b) Cambio de moneda extranjera.

XIV La moneda. El correo. La sociedad. El estado

1. **Poderoso caballero es Don dinero. Escriba todos los términos que se relacionen con él:**

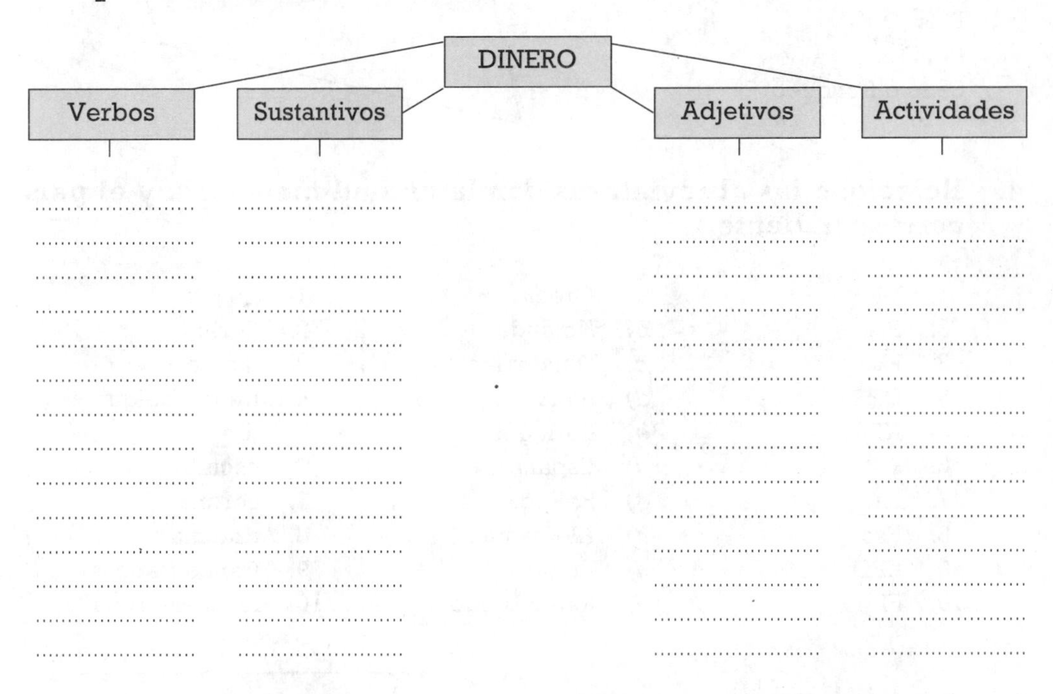

2. **Relacione las frases siguientes con los términos de las columnas Ⓐ y Ⓑ.**

a) Mucho gusto en conocerle. Es usted más guapo que en las películas.
b) No quisiera molestarte. No hagas nada especial de comida.
c) Siento llegar tarde... ¡Con las ganas que tenía de verte!
d) ¿Cuándo me vas a invitar a cenar en tu casa?
e) Lo he pasado muy bien. Me gustaría que volviéramos a vernos.

A		B	
recibir	invitar	adulador	descarado
presentar	visitar	cortés	sociable
saludar	convidar	tímido	afable

3. **Indique en este sobre los siguientes datos:**

Destinatario: *Nombre y apellidos*
Dirección: *calle, número, piso, puerta*
Código postal
Población
País
Remite
Sello o franqueo

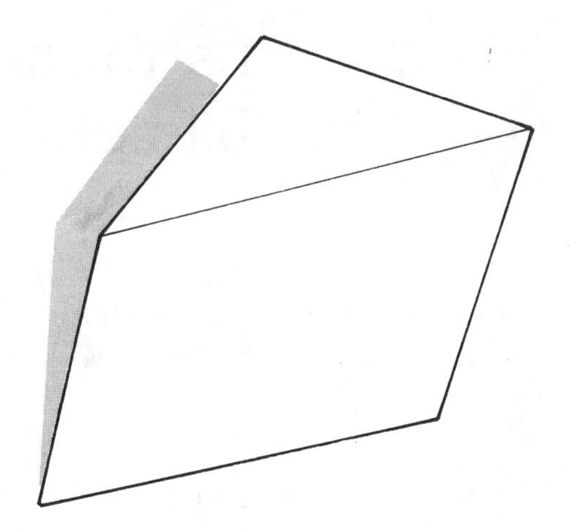

4. **Relacione las abreviaturas con la unidad monetaria y el país correspondiente.**

1. DM	*a)* Grecia	1.	peseta
2. Pta.	*b)* Holanda	2.	florín
3. FB	*c)* Dinamarca	3.	marco
4. DR	*d)* Italia	4.	franco belga
5. NF	*e)* Portugal	5.	lira
6. £	*f)* España	6.	escudo
7. Lit	*g)* Bélgica	7.	corona
8. Esc	*h)* Alemania	8.	dracma
9. KRD	*i)* Francia	9.	franco francés
10. FI	*j)* Reino Unido	10.	libra esterlina

5. **Calcule cuántas pesetas le darían por:**

a) 104 dólares

b) 50.000 libras esterlinas

c) 1.900 chelines austríacos

d) 450 coronas suecas

e) dos millones de marcos alemanes

MERCADO DE DIVISAS

DIVISAS	Comprador Pesetas	Vendedor Pesetas
1 dólar EE.UU.	106,156	106,474
1 ecu	128,289	128,675
1 marco alemán	62,573	62,761
1 franco francés	18,396	18,452
1 libra esterlina	183,352	183,902
100 francos belgas	303,562	304,474
1 florín holandés	55,521	55,687
1 corona danesa	16,210	16,258
100 esc. portugueses	72,999	73,219
1 dólar canadiense	93,283	93,563
100 yenes japoneses	78,721	78,957
1 corona sueca	17,194	17,246
1 corona noruega	15,995	16,043
1 marco finlandés	25,660	25,738
100 chel. austríacos	889,224	891,896
1 dólar australiano	83,863	84,115

6. ¿En qué secciones de un periódico pondría estas noticias?

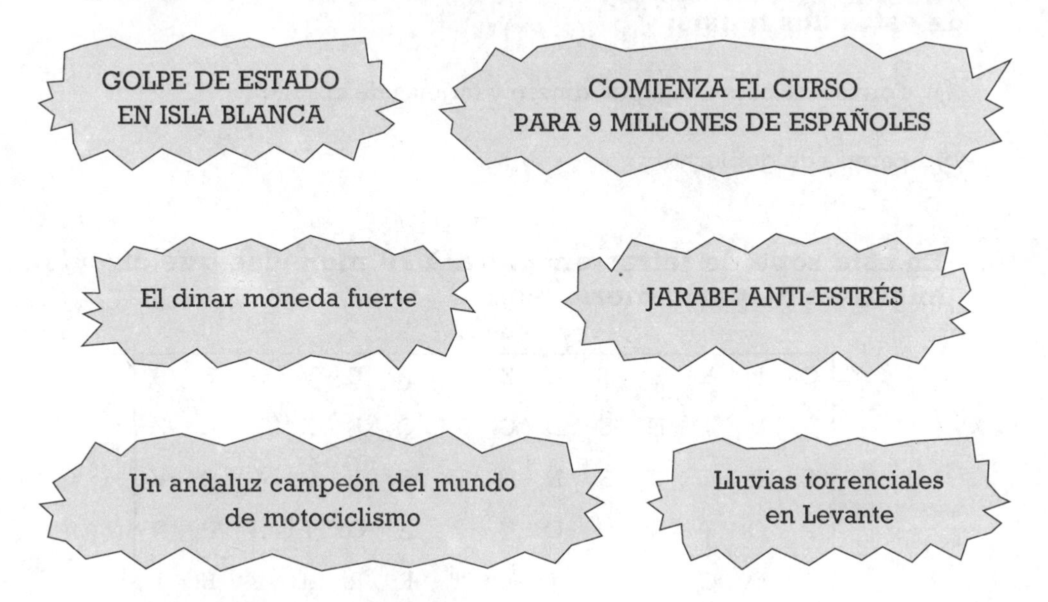

7. ¿Recuerda las siglas de...?

La Asociación Latinoamericana de Libre Comercio.
El Banco Interamericano de Desarrollo.
La Comunidad Económica Europea.
El Fondo Monetario Internacional.
Las Naciones Unidas.
La Organización Europea de Cooperación Económica.
La Organización del Tratado Atlántico Norte.
Los Estados Unidos.

8. Indique dónde colocaría estas partes de una carta:

membrete • lugar • fecha • destinatario • Ref. • línea de atención • saludo • introducción • texto o cuerpo • despedida • firma • cargo • anexos o adjuntos • P.D./P.S. • c.c.

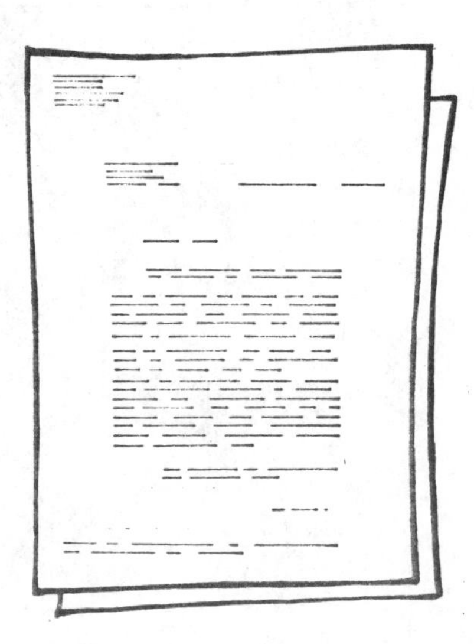

9. **Escriba una redacción de 250/300 palabras exponiendo uno de estos dos temas:**

   a) Formas de pago: trueque, dinero y tarjetas de crédito.

   b) Formas de gobierno.

10. **En esta sopa de letras encontrará 10 monedas que circulan en países hispanoamericanos.**

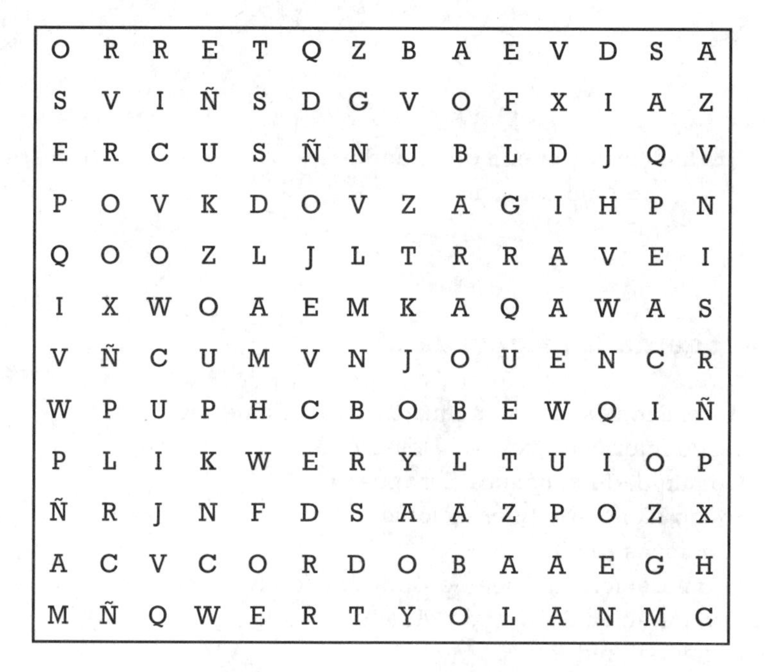

O	R	R	E	T	Q	Z	B	A	E	V	D	S	A
S	V	I	Ñ	S	D	G	V	O	F	X	I	A	Z
E	R	C	U	S	Ñ	N	U	B	L	D	J	Q	V
P	O	V	K	D	O	V	Z	A	G	I	H	P	N
Q	O	O	Z	L	J	L	T	R	R	A	V	E	I
I	X	W	O	A	E	M	K	A	Q	A	W	A	S
V	Ñ	C	U	M	V	N	J	O	U	E	N	C	R
W	P	U	P	H	C	B	O	B	E	W	Q	I	Ñ
P	L	I	K	W	E	R	Y	L	T	U	I	O	P
Ñ	R	J	N	F	D	S	A	A	Z	P	O	Z	X
A	C	V	C	O	R	D	O	B	A	A	E	G	H
M	Ñ	Q	W	E	R	T	Y	O	L	A	N	M	C

XV Pesos y medidas. Los números

1. **Escriba con números la cantidad exacta que recibe si le dan:**

— un miligramo de oro: ....
— cinco centigramos de plata: ....
— un decigramo de sal: ....
— un decagramo de trigo: ....
— un hectogramo de harina: ....
— un kilogramo de carne: ....
— un quintal de patatas: ....
— una tonelada de hierro: ....

2. **Estas fechas corresponden al año de edificación de diversos monumentos. ¿Podría escribirlas de otra manera?**

— s. III a.C.: ....
— MCCC: ....
— s. XVI: ....
— DCCX: ....
— MDCCCXII: ....
— s. XIX: ....

3. **Deslumbre a sus amigos:**

Podrá hacerlo adivinando la edad que tiene. Pídale que mentalmente multiplique sus años por dos y que sume cinco al resultado y multiplique éste por cinco.

A la cifra que le dé su amigo, quite la cifra de las unidades y, después, réstele dos. Esos serán los años.

Ejemplo: $15 \times 2 = 30 + 5 = 35 \times 5 = 175$

$17 - 2 = 15$

4. **Escriba con letra las cantidades siguientes:**

— 3.245.000: ....

— 198.208: ....

— 56.836: ....

— 78.950.145: ....

— 10.460.000: ....

— 356.800: ....

— 40: ....

5. **Explique oralmente o por escrito este gráfico:**

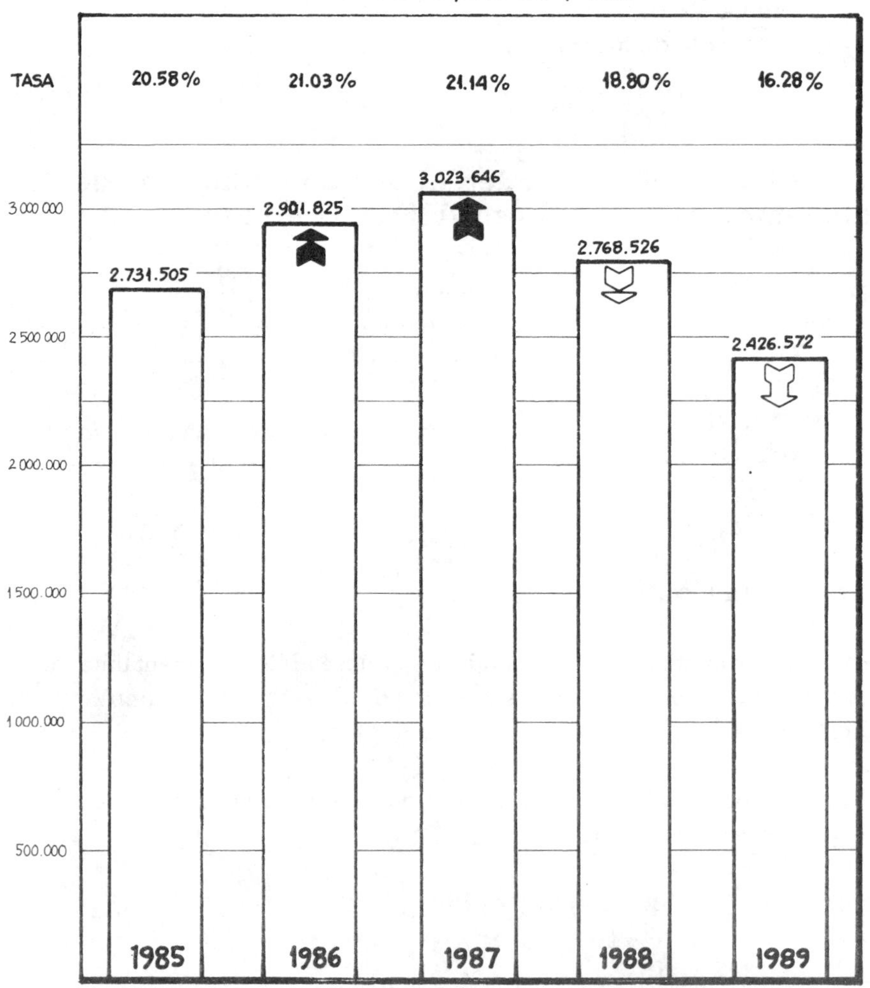

6. Lea en voz alta:

El Rey Luis XIV.
El Papa Juan XXIII.
El Rey Alfonso X.
La Reina Isabel II.
La Reina Ana I.

Capítulo XXXI.
XXVII Festival de Cine.
XIII Congreso de Lengua.
El Papa Pío IX.

7. ¿Cómo expresa oralmente estas operaciones?

$23 + 19 = 42$

$45.000 - 21.000 = 24.000$

$38 : 2 = 19$

$10 \times 10 = 100$

8. ¿Podría decir a qué corresponden estas abreviaturas?

kg. ....
g. ....
m. ....
cm. ....
mg. ....
cg. ....
t. ....
dl. ....

mm. ....
km. ....
l. ....
ha. ....
cl. ....
cm^3 ....
m^2 ....

9. Busque los signos correspondientes a:

adición o suma: ....
sustracción o resta: ....
multiplicación: ....
división: ....
raíz cuadrada: ....
igualdad: ....
no igualdad: ....
mayor que: ....
menor que: ....
exactamente igual: ....
infinito: ....
por ciento: ....

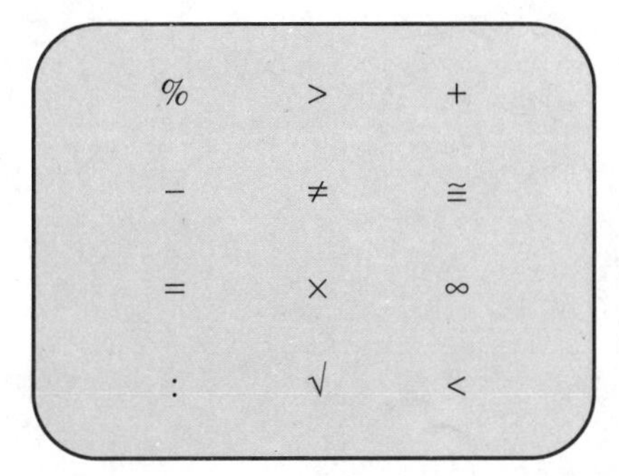

10. **Éstas son distintas temperaturas, en grados centígrados. Para convertirlas en Fahrenheit sólo hay que multiplicar por nueve, dividir por cinco y añadir 32.**

Por ejemplo: 100° C × 9 = 900 : 5 = 180 + 32 = 212

32° C: ....

45° C: ....

15° C: ....

– 2° C: ....

–18° C: ....

39° C: ....